授業準備と校務が劇速になる！

教師のための
Copilot
仕事術！

東京学芸大学附属小金井小学校教諭

小池翔太・鈴木秀樹 [編著]

JN199903

学陽書房

まえがき

　本書は、マイクロソフトによる生成AI「Copilot（コパイロット）」について、教師が活用する際の仕事術を掲載した全国初の教育書です。校務はもちろん、授業準備や実践の内容も網羅しています。

　特に本書で注目すべきは、PART. 3です。この章は私たち「東京学芸大学附属小金井小学校Copilot活用研究会」の現職教員12名の教員によって、具体的な実践例を紹介しています。「今すぐCopilotを授業で活用したい！」という方は、ぜひここから読んでみてください。

　各種生成AIツールが話題となっている中で、Copilotならではの特徴と言えるのが、「業務効率化」が大きな目的となっていることです。学校での働き方改革の実現の可能性も、十分に秘めています。
　本校では、今まさにCopilotによる働き方改革の手応えを感じているところです。ここで、少しだけ本校のエピソードを紹介します。

　先日、校内の情報担当の私が不在にしていた職員室で、Copilot活用の話題が挙がったことを聞きました。具体的には、
「今年の運動会のプログラムの競技名、どうしましょうか…」
「それならCopilotに聞いてみればいいのでは!?」
…という会話だったようです。手前味噌ではありますが、Copilotのおかげで、同僚の業務効率化に加えて、業務そのものを楽しく感じる機会が増えたのではないかとも感じています。

　幸いにも本校は、文部科学省「令和6年度　次世代の学校・教育現場を見据えた先端技術・教育データの利活用推進（最先端技術及び教

育データ利活用に関する実証事業）」に東京学芸大学（附属学校課）が採択されて、「生成AIと汎用BIツールを用いたダッシュボード構築による学習者主体の端末活用の実現」という実証研究でCopilot活用を進めています。国内の小学校としては大変珍しく、本研究の一環で全教職員に、職場向け有料版Copilotを導入できました。いち早く導入して試行錯誤してきたからこそ見えてきた、学校でのCopilotの実践知が本書に凝縮されているのも、強みの一つとなっています。

　もちろん本書には、職場向け有料版Copilotだけでなく、個人向けの無料のCopilotでも実現可能な仕事術も豊富に示しています。生成AIの進歩は日々激しいので、Copilotをすぐに活用できるノウハウに加えて、そもそも何のためにCopilotを活用するのかという考え方も大切にしました。

　さらに本書は、全章オールカラーとなっています。Copilotの操作が不安な方は、PART.1・2のCopilotの基本から安心して読んでいただけると思います。既にCopilotを活用されている方は、PART.5の校内での活用推進を参考にしていただけるかと思います。

　末文となりましたが、厳しい学校の状況にもかかわらず、本書をお手に取っていただきましたこと、心より御礼申し上げます。本書が少しでも学校でのCopilot活用の一助となれば、望外の喜びです。

2025年2月

東京学芸大学附属小金井小学校教諭

小池　翔太

CONTENTS

Copilotで 教師の仕事がラクになる！

PART 3 Copilotは授業準備や授業に大活躍！教科別の授業実践を紹介！

PART 4 学級経営にもすぐ使える！Copilotの活用術

PART 5 教師の仕事・校務をCopilotでサクサクさばく!

ご注意　ご購入・ご利用の前にかならずお読みください

　本書は、2025年1月20日現在の情報をもとにMicrosoftのCopilotに関わる操作方法や使用例について解説しています。本書の発行後にMicrosoftの生成AIサービスCopilotに関わるサービスや、機能や操作方法、画面の表示などが変更された場合には、本書の掲載通りには操作ができなくなる可能性があります。

　Microsoftの生成AIサービスCopilotには、個人のアカウントで利用するMicrosoft Copilot、組織のアカウントで利用するMicrosoft 365 Copilot Chat、Officeアプリ等に付随する有償版のMicrosoft 365 Copilotがありますが、本書では理解の促進を優先し、便宜上単にCopilotと表記している箇所があります。

　また、本書に記載された内容は、情報の提供のみを目的としております。本書を参考に操作される場合は、必ずご自身の責任と判断に基づいて行ってください。本書の運用により想定していた結果が得られない場合や、直接的または間接的な損害が発生した場合も、弊社および著者はいかなる責任も負いかねます。あらかじめご理解、ご了承ください。

　本文中に記載されている会社名、製品名は、すべて関係各社の商標または登録商標、商品名です。なお、本文中には™および®マークは記載しておりません。

PART 1

Copilotで
教師の仕事が
ラクになる！

生成AIとは何か？

「生成」ならではのAIの特徴とは？

2022年公開の「Chat GPT（チャットジーピーティー）」は、従来のAI（人工知能）と異なり、「生成AI（Generative AI）」と呼ばれます。生成AIは、単に大量のデータを元に分析するだけではありません。大規模言語モデルを基盤として、チャットのように対話をするだけで、文章・画像・音声など様々なコンテンツを「生成」できることに、大きな特徴があります！

やってみよう！

無料版の「Copilot（コパイロット）」で指導案を生成してみます。

❶ ブラウザ「Microsoft Edge」等からCopilotを開きます。（操作方法はP22-23参照）

❷ 対象学年・教科等・教材・授業時間など、前提となる情報を考えます。

❸ 自分が期待しているものが生成できるように、具体的・明確・シンプルな「プロンプト（指示文・命令文）」を作成します。

❹ 「送信」ボタンを押しましょう。（小池翔太）

このように依頼した結果は右頁に ↗

試しに生成してみた指導案、実用性は？

活動、教師の指導上の留意点を明確にしてください。

サインイン

「すけるん たんじょう」の授業を計画するのは楽しそうですね！以下に、2時間の授業を想定した指導案を作成しました。

指導案：「すけるん たんじょう」

1. 学習の目標

- 透明なクリアファイルの特性を理解し、創造的な作品を作成する。
- 材料の扱い方や安全に使用する方法を学ぶ。
- 自分のアイデアを形にする楽しさと達成感を体験する。

2. 授業の流れ

1時間目（60分）

1. 導入（10分）
   - 授業の目的と内容を説明する。
   - 透明なクリアファイルの特性について話す。
   - 作品のテーマや例を提示し、子どもたちにインスピレーションを与える。

↑これが Copilot の
アイコンです

「それらしい文章」が即生成！

左頁下のプロンプトで、瞬時に「それらしい文章」の指導案が完成しました！　本書で紹介する「Copilot」は、インターネット検索をするために使用する「Bing（ビング）」という検索エンジンとも連携できるため、「ディープ検索」という機能 (P14) を活用すると、さらに様々なインターネット上の情報を元に文章が生成できます。

完璧は求めず「副操縦士」になってもらう

この生成された指導案は、学習者の実態が考慮できていません。しかし、これだけで非実用的と断定するのはもったいないです。Copilot の元々の意味は「副操縦士」です。これから本書を通して、校務や授業で具体的にどのように活用できるかを、ご紹介していきましょう。

POINT

- 生成 AI は、文章・画像・音声などを瞬時に生成できる
- Copilot は、最新のインターネットの情報も参照して生成できる
- あくまで教師はパイロット。Copilot は副操縦士に任命しよう

ウェブ検索の感覚で、生成AIを使える！

無料版 Copilot は
何ができる？

「検索エンジン×生成AI」を無料で使える！

　Copilotは、Microsoftの検索エンジン「Bing（ビング）」でも無料で使えます。特にBingの「ディープ検索」という機能は、非常に便利です。これを利用すると、様々なウェブに掲載されている情報を元にして、高精度な検索結果が生成されます。検索用語を工夫しなくても精度の高い結果が得られるようになり、Copilotにより革命が起きてしまいました！

やってみよう！

　P12「やってみよう！」と全く同じプロンプトを、「Bing」の「ディープ検索」から活用してみましょう。

❶「Bing」のページを開きます（「Bing」で検索してクリックする）。

❷ 検索ウィンドウに、P12のプロンプトと同様の文章を入力して一度検索をします。（最大で2000文字まで入力することができます）

❸ 検索結果が表示された後、右側に出る「ディープ検索」ボタンを押してみましょう。（小池翔太）

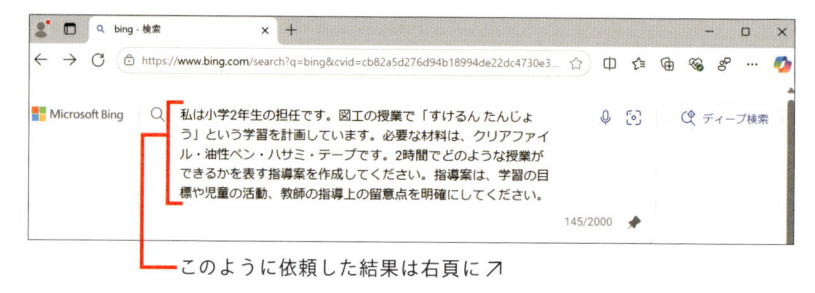

このように依頼した結果は右頁に ↗

ソース（情報源）も見られるから確かめやすい！

Bingなら

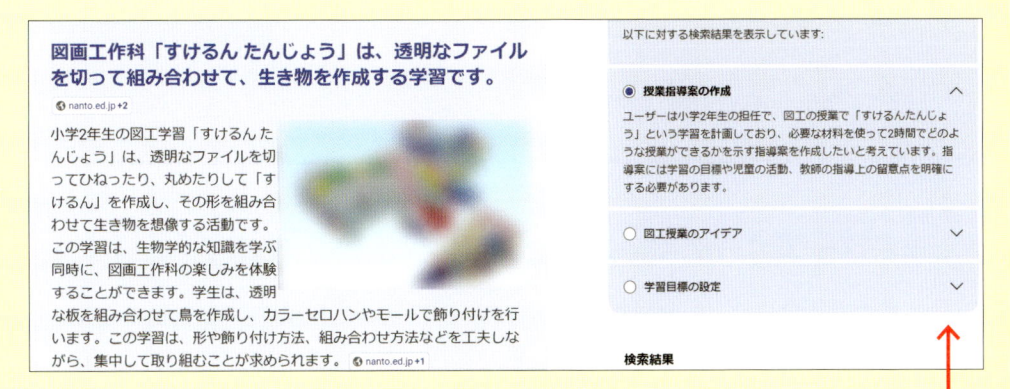

図画工作科「すけるん たんじょう」は、透明なファイルを切って組み合わせて、生き物を作成する学習です。

nanto.ed.jp +2

小学2年生の図工学習「すけるんたんじょう」は、透明なファイルを切ってひねったり、丸めたりして「すけるん」を作成し、その形を組み合わせて生き物を想像する活動です。この学習は、生物学的な知識を学ぶ同時に、図画工作科の楽しみを体験することができます。学生は、透明な板を組み合わせて鳥を作成し、カラーセロハンやモールで飾り付けを行います。この学習は、形や飾り付け方法、組み合わせ方法などを工夫しながら、集中して取り組むことが求められます。 nanto.ed.jp +1

以下に対する検索結果を表示しています：

授業指導案の作成
ユーザーは小学2年生の担任で、図工の授業で「すけるんたんじょう」という学習を計画しており、必要な材料を使って2時間でどのような授業ができるかを示す指導案を作成したいと考えています。指導案には学習の目標や児童の活動、教師の指導上の留意点を明確にする必要があります。

図工授業のアイデア

学習目標の設定

検索結果

複数の最新情報を元に生成される

今回のプロンプトのような、教科書の単元名についても、Copilot は誤った認識をせずに、学校ホームページや教科書関係の情報を上手に組み合わせて、学校の現場にふさわしい結果に関わる文章を生成できました。

右側「ディープ検索」の欄で結果が広がる

今回は右側に「授業指導案の作成」「図工授業のアイデア」「学習目標の設定」という3つの候補が表示されました。検索結果の表示の仕方も、Copilot が文脈を想定して求める結果に応じたきめ細かな方法で表示してくれます。これらもすべて、無料版のCopilot で実現できます。

> **POINT**
> - **Copilot は、無料版でも最新情報を教えてくれる**
> - **Bing「ディープ検索」で、ウェブ検索の感覚で利用できる**
> - **ウェブページのソース（情報源）も、簡単に確かめられる**

有料版Copilotのここがすごい！

いつものMicrosoftアプリにCopilotが搭載！

　有料版Copilotは、個人向け「Microsoft Copilot」と職場向け「Microsoft 365 Copilot Chat」の2種類があります。職場向けの有料版Copilotは、自治体等のアカウント管理組織の契約が必要ですが、個人向けの有料版Copilotは、今すぐ使えます。両者に共通しているのは、Word・Excel・PowerPoint等の普段使うMicrosoftアプリに、Copilotが搭載されることです。Copilotが文書やスライドを瞬時に生成してくれます！

ここが違う！

　有料版Copilot（個人向け・職場向け共通）を契約すると、Microsoftアプリの表示が変わります。ここではWordを例に紹介します。

❶ 有料版Copilotを契約したアカウントで、Wordを開きます。

❷「新規」から新しい文書を作ります。

❸ 入力カーソルと画面上部に、Copilotマークが表示されます。(小池翔太)

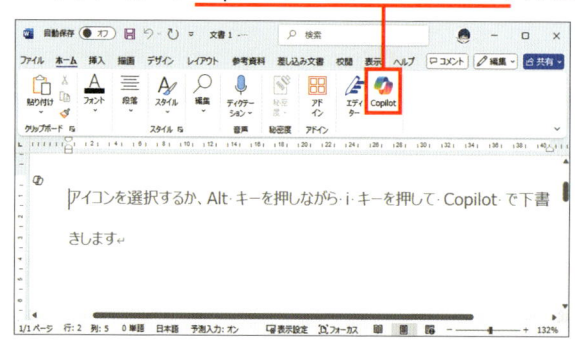

あっという間に文書やスライドが生成！

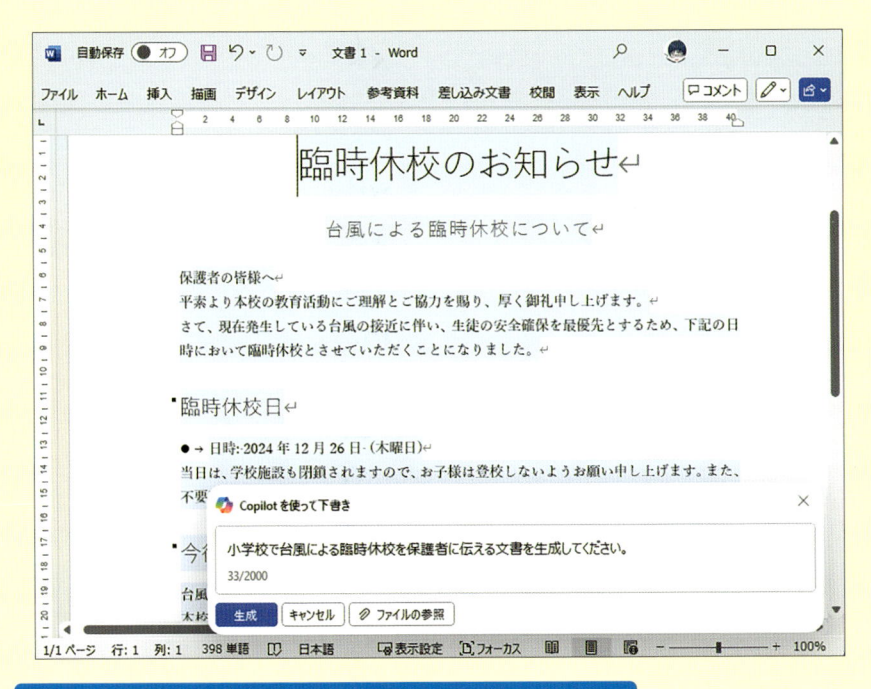

簡単なプロンプトでも文書が即完成！

「小学校で台風による臨時休校を保護者に伝える文書を生成してください」という非常に簡単なプロンプトであっても、一瞬で完成しました。見出し等のレイアウトも、自動で整えられています。急な文書作成が必要な場合、有料版 Copilot は大活躍してくれます。

要約・推敲・画像生成…何でもできる！

文書やスライドの生成だけでなく、完成された文書の要約や推敲、さらにはファイルに合った画像生成など、生成AIでできることが Microsoft アプリ上で実現できます。これまで作成してきたファイルを活用すれば、その可能性は大きく広がります。

POINT

- 有料版 Copilot のすごさは、精度向上以外にも様々！
- 特に Microsoft アプリでの文書・スライド即生成は強力！
- 要約や推敲、画像生成など様々な作業もサポート可能！

有料版Copilotを学校でフル活用する

最新モデルをストレスなく使える！

　有料版Copilot はMicrosoft アプリに搭載されているだけでなく、最新のAIモデルを活用できたり、使用回数制限が最小限になったり、ファイルを容易に読み込んだりできるなど、様々なメリットがあります。本書では、具体的な授業や校務でのCopilot の活用事例を紹介していきますが、有料版Copilot をフル活用することで、どんなことができるかを下記に紹介します。

こんなことができる！

【授業準備で】
- 学習者の授業の振り返りコメントを、一瞬で読み込んで要約できる。
- 教材研究で必要な様々なネット情報を、一瞬でわかりやすく収集できる。
- 指導案や授業スライドの下書きのファイルを、一瞬で生成できる。

【授業中・授業後に】
- 学習者が発信したコメントを、その場で一瞬で要約できる。
- 学習者が抱いた質問に対するアドバイスを、一瞬で答えられる。
- 学習者が提出した成果物を、一瞬で評価してくれる。

【日々の校務で】
- お便りに必要なイラスト画像を、著作権フリーで生成できる。
- 保護者への文書や電話で迷ったときに、一瞬でアドバイスしてくれる。
- 作成したお便りに誤字脱字がないか、一瞬で確かめてくれる。

（小池翔太）

校務の効率化で生まれるメリット

3．学校現場において押さえておくべきポイント

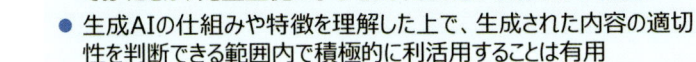

教職員が校務で利活用する場面

- 校務において利活用することで、校務の効率化や質の向上等、働き方改革につなげていくことが期待される
- 教職員自身が新たな技術に慣れ親しみ、利便性や懸念点を知っておくことは、児童生徒の学びをより高度化する観点からも重要
- 生成AIの仕組みや特徴を理解した上で、生成された内容の適切性を判断できる範囲内で積極的に利活用することは有用

引用：文部科学省『初等中等教育段階における生成AIの利活用に関するガイドライン（Ver.2.0）』（令和6年12月26日公表）概要1枚より　https://www.mext.go.jp/content/20241226-mxt_shuukyo02-000030823_002.pdf

働き方改革につながる

Copilotの活用が日常化すると、あらゆる校務が超速に進みます。文部科学省によるガイドラインでも示されているように、校務の質の向上や働き方改革にもつながります。Microsoft365アプリで活用できる有料版Copilotがあれば、さらに一瞬でできる仕事も増え、効率化が加速します。

個人向け有料版ではセキュリティに注意

職場向けの有料版Copilolt（P16参照）が自治体から導入されると、セキュリティも保護されて安心して活用することができます。個人向け有料版のCopilotを校務で活用する際は、大切なファイルを読み込ませたり、プロンプトに個人情報を入れないようにしましょう。

アカウントの管理にも注意

自治体交付のアカウントと、自身で私的に使用する有料版Copilotのアカウントと、管理を丁寧に行いましょう。学校交付の校務端末で利用できない可能性もあります。

POINT

- 有料版Copilotがあれば、教師の働き方改革につながる
- 授業前後はもちろん、日々の校務でも様々な活用シーンがある
- 個人向け有料版で使う場合は、セキュリティや管理に要注意

Copilotはじめの一歩

スマートフォンのチャット感覚で使える

　生成AIが普及して間もなく3年。「生成AIを見たことがない」という方は少なくなったと思いますが、「Copilotはまだ使ったことがない」という方は多いかもしれません。でもCopilotの基本操作はとてもカンタン。「副操縦士」という言葉の通り、まずはいろいろな業務をフォローしてくれるサポーターのように使ってみましょう。はじめは、スマホのチャット感覚で対話してみましょう。

やってみよう！

　手元のスマートフォンから、実際にCopilotを操作してみましょう。

- Androidの場合は、左下のQRコードからGoogle Playで「Microsoft Copilot」アプリをインストールしましょう。
- iPhoneの場合は、右下のQRコードから、App Storeで「Microsoft Copilot」アプリをインストールしましょう。（小池翔太）

まずは無料版・スマホで勘所をつかむ

自分

私は小学校の教員です。保護者との関わり方を上手にしたいです。アイデアを10個教えてください。

Copilot

✓ 回答を生成しています…

保護者との関わり方を上手にするためのアイデアを10個ご紹介しますね。

1. 定期的なコミュニケーション:
   - 学級通信や連絡帳を活用して、子供たちの様子やクラスの活動を定期的に伝えましょう。保護者は子供の学校生活を知ることで安心します。

2. ポジティブなフィードバック:
   - 子供たちの良い行動や成果を積極的に保護者

自分

アイデアはわかったけど、どうも忙しくて実現できなさそうです。どうすればよいですか?

Copilot

✓ 回答を生成しています…

忙しい中で保護者との関わりを深めるのは大変ですよね。いくつかのアイデアを効率的に実現するための方法を考えてみました:

1. 優先順位をつける:
   - すべてを一度にやろうとせず、最も効果的だと思うものから始めましょう。例えば、定期的なコミュニケーションやポジティブなフィードバックは比較的簡単に取り入れられます。

2. 時間を決める:

最近の悩みを打ち明けてみる!?

AIは人と違って、どんな時間にもどんな悩みにも、何回でも対応してくれます。自分の仕事やアイデアで悩んだときに「壁打ち相手」のように利用すると便利です。悩みを打ち明けたら、完璧ではないものの、いくつか参考になる情報が見つかるかもしれません。

複数のプロンプトで対話を重ねる

生成AIの大きな特徴の一つとして、文脈を理解してくれることがあります。一度プロンプトを送信した後も、さらに突っ込んで聞いてみるとよいでしょう。上記の保護者との関わりについての相談も、多少いい加減なプロンプトでも、Copilotが親身になって答えてくれました。

POINT

- 「スマホのチャット」感覚で使うことが、はじめの一歩に
- 悩みの「壁打ち相手」になると、Copilot活用の勘所が見える
- プロンプトを何度も送って、対話を重ねてみよう

Copilot をはじめよう

次に、業務効率化を見据えて、手元のPCでCopilotを起動してみましょう。
ここでは、主な3つのパターンについて、無料版の画面を例に紹介します。
有料版(個人向け・職場向け)は、この画面からサインインすれば利用できます。

パターン 1　Windows以外のOSの端末

→　『Copilot』と検索するか、
　　以下URL・二次元コードにアクセスします

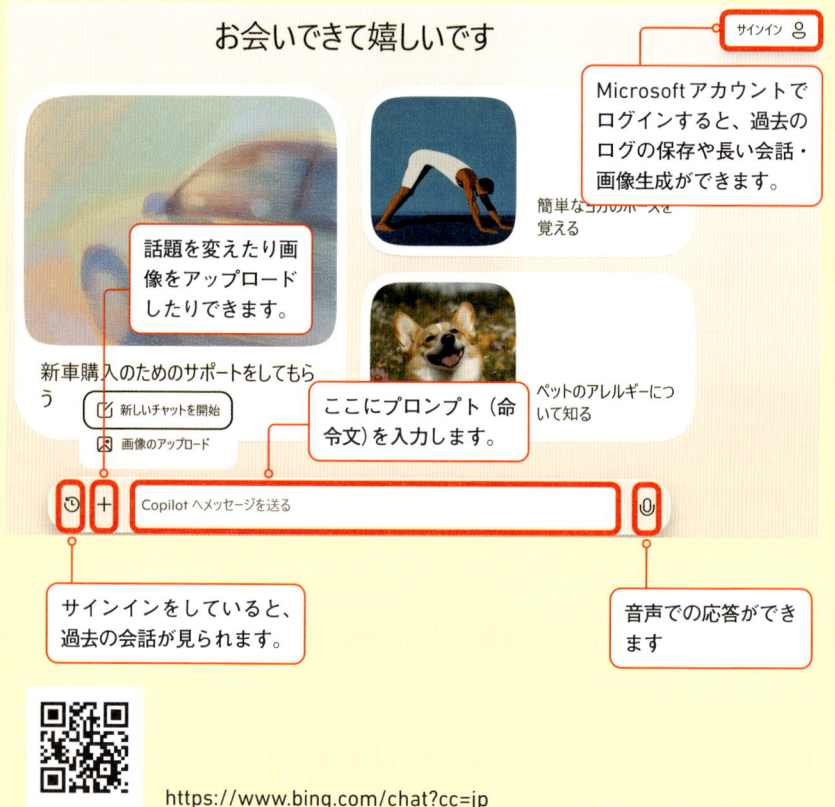

お会いできて嬉しいです

サインイン

Microsoftアカウントで
ログインすると、過去の
ログの保存や長い会話・
画像生成ができます。

簡単なヨガのポーズを
覚える

話題を変えたり画
像をアップロード
したりできます。

新車購入のためのサポートをしてもら
う

新しいチャットを開始

画像のアップロード

ペットのアレルギーにつ
いて知る

ここにプロンプト(命
令文)を入力します。

Copilot へメッセージを送る

サインインをしていると、
過去の会話が見られます。

音声での応答ができ
ます

https://www.bing.com/chat?cc=jp

パターン **2** Windows『Copilot in Edge』

→ ウェブブラウザ『Edge 』から、右上『Copilot 』アイコンを押します

※基本的なボタンはパターン**❶**と同様のため、特有な機能のみ紹介

ウェブページやPDF文書を表示したまま、これらに関する質問ができます

プロンプトの候補のボタンを押すだけで、左側に表示されたページの概要や説明をしてくれます。

パターン **3** Windows『Copilot』

→ タスクバー下部のアイコン を押します

※サインインは、個人向けアカウントのみ利用可能

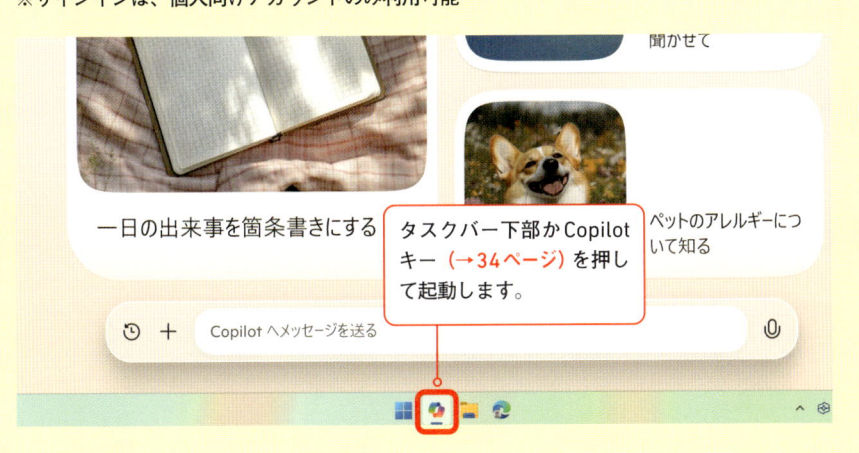

一日の出来事を箇条書きにする

タスクバー下部か Copilotキー（→34ページ）を押して起動します。

ペットのアレルギーについて知る

仕事を効率化したくても 絶対使用NGな場面

個人向けアカウントは特に注意！

　Copilotで仕事の効率化をしたいところですが、個人情報の入力はしてはいけません。生成AIの学習に利用されてしまい、個人情報保護法への抵触可能性もあります（P38参照）。13歳未満の子供は利用不可なので、小学生には直接触らせるのではなく、教師がCopilotで作ったものを教材として見せるなどの使い方がおすすめです。

こうなっている！

　生成AIがリリースされた時には、アカウント登録が必須であったため、そうした手続きが13歳未満の子どもが使えない抑止力として働いていたこともありました。それでも、小学生がスマートフォンを所有することが当たり前である今、Copilotに限らず、最近の生成AIサービスが、13歳未満の子供の目にする機会も非常に多くなりました。P14でも紹介したように、Bingの検索で無料版Copilotを簡単に使えます。他の検索サービスでも、自動的に検索結果上部に生成AIによる回答が現れてしまいます。

　このような現状で大切なことは、利用規約を定めている企業側が社会的責任を果たすために、13歳未満の子供が生成AIサービスを誤って使わないような配慮をすることは言うまでもありません。さらに、教師という立場であれば、子供の前で適切に生成AIを活用する姿を見せた上で、生成AIのリスクを伝えることも大切です。これからは、学校現場で職場向け有料版のCopilotを活用できるようになることも増えるはずです。職場向けCopilotの使い方に留意しましょう。（小池翔太）

職場向け、それでも慎重に…!?

このチャットには エンタープライズデータ保護 が適用されます。

職場向け特有の「保護済みマーク」

P38で詳しく解説されているように、職場向けCopilotでは画面右上に「保護済みマーク」が表示されます。同じ「Copilot」の名前でも、職場向けでは安心して利用できます。

「シークレットモード」はない

ChatGPTには、チャット履歴とトレーニングの機能をオフに設定できる「シークレットモード」があります。しかし、Copilotには実装されていません。無料版であっても、職場向けのアカウントでは、組織内のデータ保護が適用されます。

子供もすぐ触れることに要注意

Copilotは、Edgeブラウザを開けばすぐに右上にアイコンが出てくるため、子供も何となく利用を始めてしまうこともあるかもしれません（P56参照）。送信するプロンプト一つで個人情報保護法への抵触可能性がある以上、直接利用にも慎重になるべきです。

POINT

- 個人向けアカウントは、プロンプトが学習に利用される
- Copilotに「シークレットモード」はない
- 個人情報保護法への抵触可能性あり、子供の直接利用は慎重に

Microsoftの生成AIサービスはCopilot以外にも！

「Azure OpenAI Service」による子供向け生成AIサービス

「Azure OpenAI Service」とは？

「Azure OpenAI Service」（アジュール・オープンエーアイ・サービス）とは、Microsoftによる生成AIサービスの一つです。

Copilotとは異なり、開発者を対象としているため、読者の方には聞き馴染みがないかもしれません。

しかし、このサービスを活用して、セキュリティ機能を踏まえた子供向け生成AIサービスが数多く登場しています。

整理しよう！

生成AIサービスには「13歳未満は利用不可」という年齢制限がありますが、「Azure OpenAI Service」（P32参照）ならば、対話内容がAIの学習データに利用されず、独自に利用規約や年齢制限を別途設けたサービスをつくることができます。

そのため、「Azure OpenAI Service」を活用した子供向け生成AIサービスが数多く登場しているのです。

たとえば、特定非営利活動法人みんなのコードによる「プログルラボ みんなで生成AIコース」（右図）は、教員が児童生徒の対話内容を確認したり、アクセス時間を制限したりすることなどが可能です。(小池翔太)

主要な子供向け生成AIサービス一覧

サービス名	提供団体
プログルラボ みんなで生成AIコース	特定非営利活動法人みんなのコード
tomoLinks（トモリンクス）生成AI学習支援機能（チャッともシンク）	コニカミノルタ
スクールAI	みんがく
チャレンジAI学習コーチ	ベネッセコーポレーション
自由研究おたすけAI　β版	ベネッセコーポレーション

プログルラボみんなで生成AIコースの画面

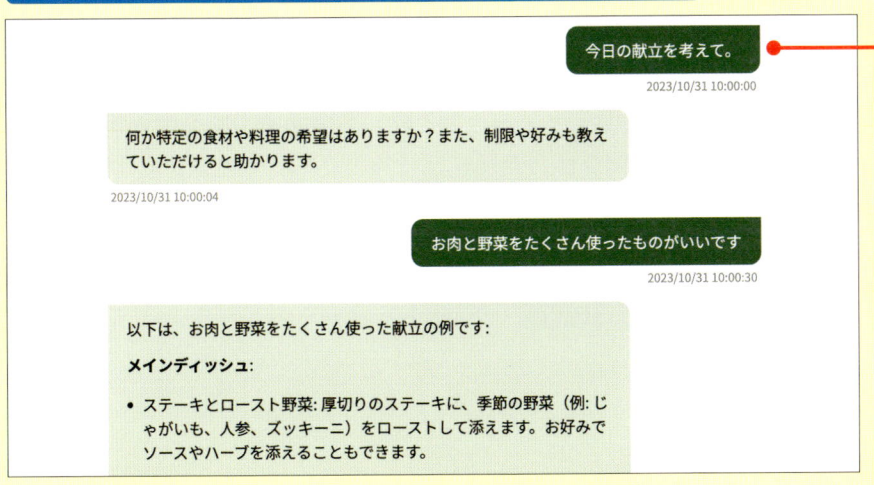

画像引用：プログルラボ https://labs.proguru.jp/

このように、子供がメッセージアプリを使用するのと同じ感覚で、生成AIを直接利用できます。不適切な利用も想定して、教師が子供の利用状況を確認する機能もあります。

POINT

- Azure OpenAI Service は、開発者向けのサービスの一つ
- 同サービスで、利用規約・年齢制限などを独自に設けられる
- 対話ログの確認やアクセス時間などの教育向け機能もある

個人では契約できない有料版とは!?

職場向けCopilotが起こす革命

職場のデータすべてをCopilotで取り扱える！

　学校関係者が自力で有料版Copilotを利用する場合は、個人向けのライセンスを契約するしかありません。しかし、職場向けの有料版Copilotが導入されると、職場のデータすべてを取り扱えます。本書執筆時点では、国内の教育機関での導入例は本校をはじめ、まだわずかですが、働き方に革命が起こります。

こうなっている！

　職場向けの「Microsoft 365 Copilot」を開くと、画面上部に「職場」というボタンが表示されます。これを押すことで、組織で利用しているファイルやTeamsやメール等でのやり取りの記録について、Copilotがすべて取り扱うことができます。これまで利用したファイルを探すことはもちろん、様々なデータを元にしたCopilotでの生成が可能となります。(小池翔太)

もうファイルの整理もいらない時代に!?

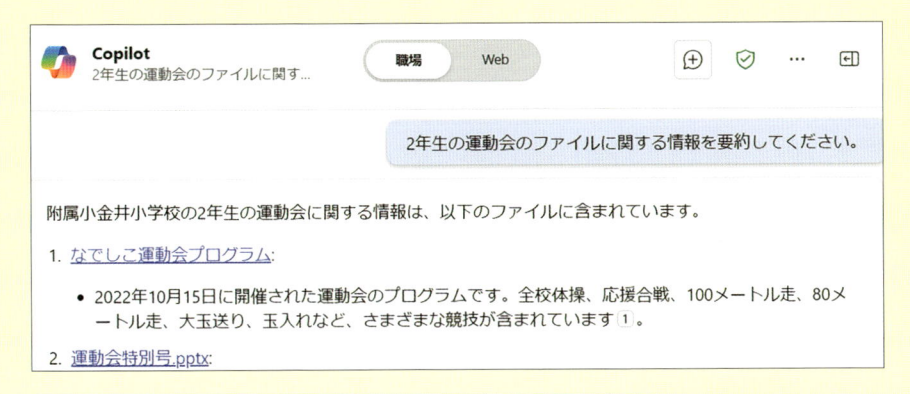

これまでの業務データはすべて学習！

前頁でも紹介したように、職場向け有料版特有の機能は、この「職場」のボタンにあります。同じ組織にいるユーザーや、業務データを元にしたCopilotの活用は、個人向けの有料版を導入しても実現できない機能です。

プロンプト候補が大活躍！

職場向け有料版の「職場」では、Teamsやメール等で最近やり取りしたユーザー名やファイル名が、自動的に候補としてプロンプトに反映されます。これを一つ押すだけで、業務でのCopilot活用の幅が一気に広がります。

もちろん個人向けの機能も使える！

「職場」ボタンの右側の「Web」を使えば、これまで述べてきた個人向けの機能も活用できます。無料版よりも精度が高いので、どんどん活躍してくれます。

POINT
- ●「職場」ボタンで、業務の様々なデータを活用できる
- ● Teamsやメール等で最近やり取りした情報も活用できる
- ● プロンプト候補で、ユーザー名やファイルが自動表示される

約30年ぶりのキーボード変更だけではない!?

AI活用に最適な「Copilot+ PC」

「Copilotキー」の衝撃

2024年6月、MicrosoftはWindows11搭載のパソコンに「Copilotキー」を導入したパソコンを発売しました（P34参照）。これは、お馴染みの「Windows」キーが搭載されて以降、約30年ぶりの新たなキー追加となり、「MicrosoftがAI活用に本気だ…」と業界が騒然としました。

整理しよう！

その名も「Copilot+ PC」（コパイロットプラス・ピーシー）。これは単に「Copilotキー」が搭載されたパソコンというだけではありません。右表のように、生成AIに関する高性能・高機能な特色があります。当然子供が利用する端末の価格帯ではありませんが、Copilotを校務で活用する際には最適な端末です。そんな「Copilot+ PC」は、今後教師が仕事を劇速で進めるために、欠かせない端末となるのではないでしょうか。（小池翔太）

【「Copilot+ PC」搭載の主な端末（2025年1月26日現在）】

- Surface Pro（第11世代）、Surface Laptop（第7世代）…Microsoft
- New XPS 13、New Inspiron 14 Plus…DELL
- ThinkPad T14s Gen6、ThinkBook 16 Gen7
- Yoga Slim 7x Gen 9…Lenovo
- OmniBook X 14 AI PC…HP
- Swift 14 AI…ACER
- VivobookS15…ASUS
- FMV Note U UA-K1…富士通

「Copiloit+ PC」主な要件

【「Copilot+ PC」の最小システム要件】

項目・機能名	詳細
プロセッサ	互換性のあるプロセッサまたはシステムオンチップ (SoC) (1秒間に40兆回以上の演算 (TOPS) を実行できるニューラルプロセッシングユニット (NPU) を搭載)
メモリ	16GB DDR5/LPDDR5
ストレージ	256GB SSD/UFS

【「Copilot+ PC」ならではの機能】

「リコール機能」	PC上で以前に表示したことがある情報を探し出す
「コクリエイター」	AIによるリアルタイムな創作支援
「ライブキャプション」	オーディオとビデオのコンテンツをリアルタイムに英語字幕に翻訳
Windows スタジオエフェクト	AIを活用したビデオ通話エフェクトと音声エフェクト
イメージクリエーター	AIを活用した新規画像の作成

画像引用：Microsoft ウェブサイト https://www.microsoft.com/ja-jp/windows/copilot-plus-pcs?r=1POINT

POINT

- 約30年ぶりに新たな「Copilotキー」が導入された
- AI活用に最適な「Copilot+ PC」が発売開始された
- 教師が劇速で仕事を進めるのに欠かせない端末に

生成 AI と年齢制限

　Copilot もそうですが、多くの生成 AI には「13歳未満は利用不可」という年齢制限があります。つまり、小学生に使わせることはできないわけです。本書が「先生が Copilot を利用する」ことを想定した構成になっているのも、そこに理由があります。では、小学生は生成 AI を使うことはできないのか？　実は、そういうわけではありません。Microsoft の Azure Open AI service の API[※] を利用したアプリケーションの中には13歳未満でも利用できるものがあります。また、画像生成 AI にも、たとえば Adobe Firefly のように同様のものがあります。

　ただ、そうした生成 AI の利用は、これからもうしばらくの間は一部の学校での利用にとどまらざるを得ないのではないかと予想しています。むしろ、その間に Copilot をはじめとした生成 AI を教師が積極的に使って生成結果を児童に見せ、生成 AI とはどういったものかを知らせるような授業を行っていくことが求められるのではないでしょうか。

　小学生が生成 AI の仕組みを理解することは、なかなか難しいことと言わざるを得ません。しかし、経験から生成 AI に向き合う態度を養うことはできます。今こそ教師には生成 AI を積極的に活用することが求められているのです。(鈴木秀樹)

（※）API は Application Programming Interface の略。

PART 2

知っておきたい Copilot の 基本

とりあえず聞いてみよう そこにCopilotがあるのだから

新しいキーは伊達じゃない

ChatGPTが登場したとき「すごい！」と思いましたが、当然のことながら使うときにはブラウザーを起ち上げて使っていました。当時はそれを面倒とも思いませんでした。しかし、Windowsと一体化されたCopilotだと快適さがまったく違います。特に最近の機種に備えられたCopilotキーは快適そのものです。これを積極的に使っていかない手はありません。

やってみよう！

とにかく日常的にCopilotキーを押す癖をつけましょう。それがCopilotを有効に活用できるようになるための近道です。

- ニュースサイトを見ていて「ん？　似たようなニュースが前になかったかな？」と思ったときに。
- 原稿を書いていて「もうちょっと気の利いた表現、何かないかな？」と思ったときに。
- Excelで「うーん、どういう関数を当てはめればいいか、よくわからなくなってきたぞ」と思ったときに。
- 学級通信を作っていて「文章にピッタリのイラストがないな」と思ったときに。
（鈴木秀樹）

これがCopilotキーです

雑なプロンプトでも何とかなる

こんなふうに使ってみよう！

> クラスでテストをやりました。
> 各自の点数を入力すると平均や標準偏差が出てくるExcelのファイルを作りたいのだけれど、どうしたらいい？
> あと、役に立ちそうなデータが自動で計算されるとうれしいな。

4. **その他の役に立つデータ**:

- **最高点**: E1セルに「最高点」と入力し、E2セルに「=MAX(B:B)」と入力します。

- **最低点**: F1セルに「最低点」と入力し、F2セルに「=MIN(B:B)」と入力します。

- **中央値**: G1セルに「中央値」と入力し、G2セルに「=MEDIAN(B:B)」と入力します。

とにかく聞いてみよう

上のプロンプトはかなり雑だと思いますが、とにかく知りたいことを聞いてみましょう。余計な情報もあるかもしれませんが、思わぬヒントを得られるかも!!

親切に教えてくれる！

「最高点」「最低点」「中央値」の関数まで教えてくれました。アプリの使い方を教えるのは得意なようです。「ステップ・バイ・ステップで教えて」と聞くのもいいですね。

POINT

- 難しく考えず、とにかくCopilotキーを押してみる
- たくさん使ううちに何となくわかってくる
- 聞きたいことは自分の中にある。Copilotキーを使っているとどんどん問いが生まれてくる

応用範囲が広い
スクリーンショットの分析

画像になってしまっている文字を編集可能に

　　スクリーンショットを Copilot に貼り付けて分析させることはなかなか応用範囲が広いです。風景の写真を貼り付けて「これはどこ？」と聞くのもいいでしょうし、グラフ画像をスプレッドシートに変換することもある程度、可能です。小学校で教員として働く皆さんにおすすめなのは OCR 機能でしょうか。本校のホームページには学校教育目標が掲載されているのですが、これがなぜかテキストファイルではなくて画像になっています。これを OCR させてみました。

やってみよう！

　文字があるけれどもテキストファイルになっていない画像、ありますよね。あれを編集可能なテキストにしてみましょう。

❶ 文字が書いてある写真や図のスクリーンショットを撮りましょう。（Windows ＋ Shift ＋ S　が簡単ですね。）

❷ スクリーンショットを Copilot に貼り付けます。

❸「読んで」「テキストにして」等のプロンプトを入力してリターンを押します。

❹ Copilot が画像にある文字を読んでテキストにしてくれます。（鈴木秀樹）

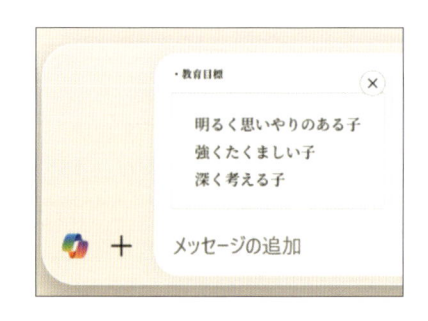

Copilot にスクリーンショットを貼ってみよう

・教育目標

明るく思いやりのある子
強くたくましい子
深く考える子

これを編集可能なテキストに変換して

もちろん。「教育目標」と書かれていて、その下に次の3つの項目が表示されている画像ですね。

以下はその内容です：

1. 明るく思いやりのある子
2. 強くたくましい子
3. 深く考える子

ただの画像が編集可能なテキストに！

この例のように、「文字情報はあるのに画像であるために編集できない」というような場合、Copilotは非常に有効なOCRツールとして機能させることができます。

応用範囲はかなりある？

縦書きの文章の画像からもテキスト化することができます。コピー＆ペーストができない資料からも必要部分を編集することが可能ということになると、これはかなり応用範囲が広いのでは？（著作権への配慮は忘れずに。）

POINT

- 編集できない！　と思ったらスクリーンショットを撮る
- Copilot でテキストに変換して編集可能に
- 著作権の侵害にならないよう十分な配慮を忘れずに

「保護済みマーク」は何を保護しているの？

生成 AI の安全な活用のために

　生成AIがインターネット上の膨大な情報を学習していることはよく知られています。この学習は常に進行中で、生成AIに打ち込んだプロンプトの内容は何もしなければ学習されます。しかし、どんなデータでも学習されていいわけではありません。Copilotはその点、教員であるあなたの勤務する組織や自治体がMicrosoftと契約を結んでいると、データが保護される状態にすることができます。

確認しよう！

❶ Copilotの右上を見てみましょう。下の画像のような緑色の保護済みマークはついているでしょうか？

❷ 教員であるあなたのアカウントで使用している際に、保護済みマークがついていれば、あなた（各ユーザー）と、その組織（都道府県等）のデータは保護されている、ということになります。(鈴木秀樹)

↑
保護済みマーク

データ保護されている場合、されていない場合の違い

項目	データ保護モードが有効	データ保護モードが無効
コード送信	ユーザーのコードやテキストエディタのコンテキストは送信されない	ユーザーのコードがサーバーに送信され、学習や改善に利用される場合がある
データ収集	使用データは GitHub や OpenAI によって収集・保存されない	使用データが収集され、アルゴリズム改善に利用される可能性がある
プライバシー保護	高度に保護される	プライバシーリスクがある(コードの内容が外部サーバーに渡る)
企業利用の適合性	セキュリティ重視の環境(金融、医療、政府機関など)に適している	セキュリティが厳しくない環境での使用が適している
使用状況の透明性	ユーザーが送信するデータがないため透明性が高い	データの取り扱いについて十分な確認が必要

保護されているのは？

プロンプトとそれに対する応答は学習されません。Copilot を提供している Microsoft が何か特殊なアクセス権を持っているわけではありません。

それでも心配だったら？

Microsoft の公開情報を確認しましょう。例えば「プライバシーと保護」(https://learn.microsoft.com/ja-jp/copilot/privacy-and-protections)。

POINT

- まずは「保護済みマーク」を確認
- 何が保護されるのかを理解
- 常に最新の公式情報に気を配るのが大切

「描いて」プロンプトで画像を生成しよう

あなたもイラストレーター!?

　Copilotというとテキストを生成させるのがメインと考えられがちですが、実は画像も生成できます。画像を生成するための魔法のプロンプトが「描いて」です。プロンプトの最後に「描いて」をつければ、Copilotはものの数十秒で画像を生成してくれます。

やってみよう!

　学級通信に使うイラストなど、「ちょっとイラストが欲しいな」というときはないでしょうか。そういうときは「描いて」プロンプトを使ってみましょう。

❶ 自分が描いてほしい画像の説明を詳しく書いて、最後に「描いて」を追加しましょう。

❷ 画像は4つ生成されます。気に入ったものをクリックします。

❸ 選んだ画像が大きく表示されます。

❹ 「共有」をクリックすればリンクが生成されます。

❺ ダウンロードで画像をダウンロードすることもできます。

　できれば大型ディスプレイ等にCopilotを表示させてプロンプトを打ち込むところや画像が生成されるところを児童に見せましょう。生成AIについての学びにつながります。(鈴木秀樹)

とにかく描かせて慣れよう！

生成される画像は4つ

1つのプロンプトから画像は4つ生成されます。この4つの中に気に入ったものがあればそれを使用します。なければ、追加の注文をつけたプロンプトを入力して再度、生成させてみましょう。

どんな画像を生成させるかはプロンプト次第

ここは何回も画像を生成させて慣れるよりありません。Copilotにプロンプトのコツを聞いたら「具体的に描写する」「不要な要素が入らないように指定する」「色、背景、時間帯、感情などの詳細を追加する」ことなど、教えてくれました。

POINT

- 「描いて」をつければCopilotは画像生成AIとして機能する
- 気に入らなかったらプロンプトを改良する
- 生成した画像の利用場面には注意

初等中等教育段階における生成AIの利活用に関する検討会議

　令和6年7月から「初等中等教育段階における生成AIの利活用に関する検討会議」が始まりました。錚々たる顔ぶれに混じって、私もこの会議のメンバーに名を連ねています。

　第1回の会議後、メディアは「文部科学省が生成AIガイドライン改訂に向けて動き出した」という論調で報道しています。それは間違いないのですが、実はこの会議の設置要綱の「背景・趣旨」には「初等中等教育段階における生成AIの利活用に関する具体的な方向性等について意見交換・検討を行うため」と書いてあります。もちろん、「意見交換・検討」を形にしたものとしてのガイドライン改訂はこの会議の大きなミッションではありますが、それだけにとどまるものではないだろうと私は捉えていました。ご承知のとおり、生成AIが教育に与える影響には極めて大きいものがあるからです。

　何しろこれまで人間が担ってきたことのかなりの部分を生成AIができるようになってしまいました。子供たちが必死に勉強してきたことも、生成AIが代替できてしまうものが多いでしょう。ということは、教師はあらゆる学習について子供から「なぜ、これを学ばねばならないのか」という問いを突きつけられる可能性があるわけです。

　この書籍が出る頃にはガイドラインVer.2はもう公開されているはずですが、さて、どのようなものになっているでしょうか？（鈴木秀樹）

\ PART /

3

Copilot は
授業準備や授業に
大活躍！
教科別の
授業実践を紹介！

熟語を分類しよう

分類する
プロンプトを考えさせる

Copilot に分類を教えてあげる⁉

　小学校国語科高学年の「知識及び技能」領域では、語と語の関係や文と文の接続の関係から、それらの特徴を分類する学習があります。Copilot に、それらの語や文を「分類して」と指示を出すだけでは、意味に着目した分類を行ってしまいます。それを逆手にとって、Copilot が語や文の関係に着目して、それらを分類できるプロンプトを考えてみましょう。

やってみよう！

「熟語の成り立ち」（『国語6 創造』光村図書）を例に考えてみましょう。

❶ 子供たちに二字熟語をあげてもらい、それを Copilot に分類させます。

> 増量、最低、黒板、整列、開花、楽勝、脱税、温暖、左右 この熟語を仲間分けして

❷ すると Copilot が意味に着目して熟語を分類しました（右頁1番上の画像）。それに対して、右頁の画像中の私の作成したプロンプトのように、語と語の関係からも熟語は分類できることに気付かせます。

❸ 分類のルールを整理し、改めて Copilot に分類の指示を出し、うまく分類できるようにプロンプトの精度を高めていきます。

❹ 子供たちに、分類のルールに従って様々な二字熟語を考えさせます。子供たちが限界になったら、分類のルールを学んだ Copilot にさらに考えてもらいましょう。子供たちは、語彙を広げるとともに、適切な熟語を生成できているかチェックしていくことでさらに学びを深めます。（小野田雄介）

生成結果を学習展開に生かす！

動作に関する熟語

・ 増量－物の量を増やすこと

・ 整列－きちんと並ぶ、または並べること

← Copilot は最初、意味に着目して熟語を分類してきました。

増量、最低、黒板、整列、開花、楽勝、脱税、温暖、左右
この熟語を 次のルールに従って分類して
①似た意味の組み合わせ　　例：寒冷
②意味が対になる漢字の組み合わせ
　　例：上下、天地
③上の漢字が下の漢字を修飾する関係にある漢字の組み合わせ
　　例：山頂、温泉
④「―を」「―に」に当たる意味の漢字が下にくる組み合わせ
　　例：洗顔、除雪

←そこで教師の側から、左のような分類のしかたをするようにプロンプトを書いて、プロンプトの精度を高めました。このルールで子供も二字熟語を考え、Copilot にも考えてもらいました。

意味に着目した分類

子供たちに、Copilot が何に着目して分類しているかを考えさせましょう。そうすることで、それとは違う語と語の関係に着目しやすくなり、学習課題が焦点化されていきます。

語と語の関係に着目した分類指示

語と語の関係に着目した分類のプロンプトを考えて、Copilot に改めて分類させます。結果はどうなるでしょうか？　もうまく分類できない場合は、プロンプトを改良していきます。精度の高いプロンプトを考えることが、深い理解へとつながっていくでしょう。

POINT

- 生成結果を利用しながら学習を展開する
- プロンプトの精度を高めることが学習理解へつながる
- Copilot と協働しながら学びを深める

児童が気付かなかったところも推敲

Copilot と共同推敲しよう

3回推敲できる！

　児童自身による推敲を習慣にしつつ、Copilotの力も借りて推敲を充実させましょう。3回の推敲（①自分、②Copilot、③Copilotの推敲を踏まえ自分で）が可能です。Copilotに推敲されると、児童が自分では気付かなかった点を自覚できるでしょう。推敲する際は、助詞や句読点（低学年）、文末表現（中学年）、事実と意見の区別（高学年）など、学年に合わせて推敲します。

やってみよう！

　Copilotとの共同推敲を試してみましょう。友達との関わりについて書いた児童の文章を例にしますが、児童の実態や学年に合わせた推敲の視点をCopilotに示せば、他の文種でも可能です。

❶ 児童が書き上げた文章を、児童自身が声に出して読み、文末表現を推敲します。

❷ Copilotで児童が作成したWordファイルを読み込み、推敲します。手書きの場合は、文章をカメラで撮影し、その画像を読み込みます。今回は3年生のため、「文末表現を中心に推敲してください。推敲した箇所を表で示してください」と入力しました。

❸ Copilotによる推敲の結果を児童に配付します。例に示した児童の文章について、Copilotは、敬体の表現が多いことを踏まえて、常体を敬体に推敲しました。児童は、Copilotの推敲した文章を読み返し、必要に応じて修正します。(橋浦龍彦)

推敲の前後を比較して、修正するか決めよう！

いや、違う。 と言ってきた。 「おや、まさかこのパターンは、まさか」 「だから、今はさらに仲が深まりました。だから、今では頼れるかけがえのない最高の大大大親友になりました。」	いや、違います。 と言ってきました。 「おや、まさかこのパターンは」 「だから、今はさらに仲が深まりました。今では頼れるかけがえのない最高の大大大親友になりました。」

図中の下線と矢印は筆者。上は文末表現、下は多用した表現を推敲。

Wordで色線を引かれないところも推敲

学習指導要領解説には「下書きと推敲後の文章を比べる」ことが示されています。Wordで記述していると、色線で誤りを指摘されます。しかし、CopilotはWordが色線で表さない点も指摘してくれます。推敲前後の文章を示してくれるので、具体的な文章を通して比較が可能です。

修正するかしないかは、児童が意思決定

児童が伝えたいことと照らし合わせて、同じ表現の多用や、文末表現を修正していきます。教師が目を通すことは大切ですが、Copilotは何人分でも推敲できるので、教師の負担軽減につながります。

※参考文献
野中潤(2024)「対話型生成AIが拓く言語教育のフロンティア―国語科教育における「書く力」の行方―」『日本語学』2024年3月号、明治書院
文部科学省(2018)『小学校学習指導要領(平成29年告示)解説 国語編』東洋館出版社

POINT

- Copilotが推敲する前に、児童自身が声に出して推敲する
- 具体的な文章で推敲の前後を比較できる
- Copilotの推敲を踏まえて、最後に文章を決定するのは児童自身

悩ましいことを AI に聞いてみる

Copilot にインタビューしてみよう！（販売の仕事）

いつでもインタビューをして疑問を解決！

Copilot は様々な立場の人になりきって質問に答えてくれます。社会科見学では多様な人々の願いや考えに触れることで子供たちの視野が広がります。一度の見学やインタビューではもったいない！　Copilot で様々な人との関わりをシミュレーションして、考えを深めましょう。

やってみよう！

「スーパーマーケットの店長さんへのインタビュー」を例に、Copilot をどう使うか試してみましょう。

❶「スーパーマーケット見学やインタビューを通して生まれた新たな疑問やもっと知りたいことは何か」について子どもたちに考えさせます。

❷「Copilot 店長に聞いてみよう」と子どもたちに提案。子供たちの聞きたいことを教師がプロンプトとして入力。

❸ Copilot から出た回答に対して話し合わせたり、関連する提案について予想したり、さらなる質問をしたりしましょう。

❹ Copilot の回答を鵜呑みにせず、実際の見学や自身の経験から回答を批判的に捉える必要があることも子供に伝えましょう。（岩田裕輝）

> 新しい商品を追加する際、何を考慮していますか？
>
> お客様からよく求められる商品はありますか？
>
> カットサラダ用キャベツを使ったレシピを教えてください。
>
> スーパーでよく見る商品は何ですか？

Copilot からの問いの提案

Copilotに店長さんになってもらう！

Copilotの店長さんにインタビュー！

自分

あなたは、オリンピック小金井店の店長です。小学校3年生が、スーパーマーケットの仕事についてインタビューをします。質問がされるまでこちらには答えは書かないでください。

Copilot

了解しました！インタビューの質問をお待ちしています。どんな質問でもどうぞ！

Copilot

オリンピック小金井店では、約20,000種類の商品を取り扱っています。これには、食品、日用品、衣料品、家電製品など、さまざまなカテゴリーの商品が含まれています。お客様が必要なものを一度に揃えられるよう、幅広い品揃えを心がけています。

Copilot

オリンピック小金井店には、だいたい20,000種類の商品があります。食べ物や日用品、服や家電など、いろいろなものがそろっています。お客さんが必要なものを一度に買えるように、たくさんの種類を用意しています。

インタビューで気をつけること

子供たちは「インタビュー」でのやり取りを期待しています。上記のように、質問の答えをすぐに提示することを制限するプロンプトを入力してください。子供たちのつぶやきや疑問をもとに、言葉のキャッチボールをしてください。

小学3年生にわかる言葉にする

店長さんのインタビューには難しい言葉や読めない漢字も出てくることがあります。そんなときは、「小学校3年生でも読める平易な言葉で表してください」と入力すると、子供たちにより伝わりやすくなります。

POINT
- まずは実際に見学やインタビューを行う
- Copilotに聞く前に質問について子供たちに予想をさせる
- Copilotの回答について納得できるか吟味する

大好きなキャラクターで問題づくり!?

オリジナル計算ドリルを Copilotで

「算数ニガテ…」な子の目の色が変わる!?

　P14でも紹介したように、Copilotの強みはインターネット上にある最新情報も反映されることにあります。この特徴を生かせば、算数の問題も、子供たちの好きなネタで生成することが可能となります。「個別最適な学び」が求められる今、算数に極度の苦手意識を持つ子供がいた場合、Copilotが味方になってくれるかもしれません。

やってみよう!

　「算数がとても苦手」「ポケモンが大好き」な子供を想定した算数の問題をCopilotに作問してもらいましょう。

❶ Copilotを起動します。

❷ 下の画像のように、学年・登場人物が出るような問題内容・ヒントと答えを別で示すようプロンプトを作成して送信します。（小池翔太）

> ポケモンが大好きな小学5年生に算数の問題を出したいと思います。4年生の復習となるように、ポケモンのキャラクターが登場する問題を5問生成してください。その際、ヒントと答えも別々で表してください。

楽しい問題づくりで自分の力も見直す！

子供たちがワクワクする問題がすぐ作れる！

もちろんです！ポケモンのキャラクターが登場する楽しい算数の問題を作りました。各問題にはヒントと答えを別に示しますね。

問題1 ピカチュウが3匹、イーブイが4匹います。2匹のポケモンが加わりました。全部で何匹のポケモンがいるでしょう？

ヒント1 ピカチュウとイーブイの合計に2匹を加えます。

答え1 9匹

問題2 ポケモンバトルで、リザードンが10回攻撃し、そのうち7回が命中しました。リザードンの命中率は何％でしょう？

ヒント2 命中した攻撃回数を全体の攻撃回数で割って、100をかけます。

問題づくりに新しい風を

子供が問題づくりをすることは、そこまで珍しいことではありませんが、算数に苦手意識を持つ子にとっては、非常にハードルが高いと思われます。そこで、子供たちの興味のある分野について、Copilot に問題生成してもらえば、算数の楽しさを味わわせることができるかもしれません。

デジタルドリルのさらに先へ

一般的なデジタルドリルには、習熟度に応じて問題の難易度が調整される機能が搭載されています。しかし、今回の実践は、問題づくりでの AI 活用という点で異なる特徴があります。少しおかしな問題状況を楽しむことが、算数の問題解決能力にも転移する可能性もあります。

POINT

- Copilot を活用すれば、最新情報で問題のネタづくりが可能
- 算数の問題づくりで、個別最適な学びの実現が期待できる
- おかしな問題状況を楽しみ、問題解決能力へとつなげる

Copilot は授業後の活用にも大活躍!

科学と日常生活との関連に活用する

日常生活との関連で相談してみる!

　児童が理科の授業で観察、実験を行い自然の事物、現象について学んだ後に、日常生活の中でも同じような現象はないのかなと、考えてもらうことがあります。しかし、小学生の知識量ではなかなか気付かせることができません。そのようなときにCopilotに相談してみましょう。

やってみよう!

電磁石の学習の後、日常生活での活用について聞いてみましょう。

❶ 5年生の「電磁石の性質」の学習では、電流を流すと磁石となる電磁石について学習をします。

❷ 学習後に日常生活の中のどこに電磁石は活用されているか、子供たちに聞いた後、「Copilot」に「小学生に応えるように教えてください」と、日常に使われる電磁石について聞いてみましょう。

❸ Copilotは「モーター」「スピーカー」「リニアモーターカー」などを教えてくれました。

❹ この中でモーターやスピーカーなどは中古家電品店に行くと、比較的購入しやすいので、分解してその特徴を調べてみる学習に取り組めます。また、スピーカーなどは、Copilotに相談して、その原理を調べたり、自分で作ったりして子供に教えましょう。(蒲生友作)

小学生にわかるようにと聞いてみる！

小学生に応えるように教えてください。
5年生の理科で電磁石の学習をしました。
電磁石に興味をもち、日常生活に使われている電磁石について調べてみたいです。
家にもあるような電磁石を使ったものは、どのようなものがあるでしょうか。
教えてください。

電磁石は、電流を流すことで磁石になるものです。日常生活の中で、電磁石はたくさんの場所で使われています。例えば、次のようなものがあります。

まず、**モーター**です。モーターは電磁石を使って回転する力を生み出します。洗濯機や掃除機、扇風機など、家の中で使われる多くの電化製品にモーターが入っています。

次に、**スピーカー**です。スピーカーも電磁石を使っています。音楽を聴くときに使うスピーカーやテレビの音を出す部分にも電磁石が使われています。

また、**電子レンジ**も電磁石を使っています。電子レンジは電磁波を使って食べ物を温めますが、その電磁波を作り出すために電磁石が使われています。

さらに、**電気自動車や電車**にも電磁石が使われています。これらの乗り物は電磁石を使って動くモーターを使っています。

このように、電磁石は私たちの生活の中でたくさん使われていて、とても便利なものです① ② ③ 。興味を持ったら、家の中でどんなものに電磁石が使われているか探してみると面白いかもしれませんね。何か他に知りたいことがあれば教えてください。

| 1 | ⊕ 日常生活における磁石の6… | 2 | ⊕ 【理科の自主学習ノート… | 3 | 🗎 保護者会資料(学習・生活) |

さらにこんな授業も！

　理科では学習をしたことをもとにものづくりを行うことがあります。アイデアを整理して、Copilotに相談してみると必要な物などを教えてくれます。

❶ 3年生の「風とゴムの力の働き」の学習でゴムに力を加えたときに元の形に戻ろうとする力を利用しておもちゃを作りましょう。そのときCopilotに相談してみましょう。

❷「ゴムをねじって使うおもちゃを作るアイデアを教えてください」とCopilotに相談。

❸ Copilotからは「ゴム動力プロペラ飛行機」「ゴム動力ボート」などの提案を受けました。

❹ さらに「ゴム動力プロペラ飛行機」を作るための材料を聞いたり、設計図を聞いたりして右の作品ができました。

AIを使って調べたいという思いが低学年にも…

「なつやさいのそだて方」をAIに聞いてみる

「AIを使ってみたい」をかなえる

2年生の「めざせ 野さい作り名人」(『せいかつ下 なかよし ひろがれ』教育出版) では、育てたい野菜や世話の仕方を調べる活動があります。「どのように調べたいかな」と子供たちに尋ねたところ「AIを使いたい！」という発言が…。現代の子供たちは、AIネイティブ世代。「子供の思いや願いを大切に」という生活科の理念を大切にして、低学年の子に合わせた生成AIの活用の仕方を考えて実践しました。

やってみよう！

実際に筆者が2年生のある子へ実践した例を示します。

❶ 子供から「どんな命令 (プロンプト) がよいか」を聞きます。児童がCopilotを使う状況に少しでも近づけるために、タイピングさせました。

❷「『トウモロコシのそだてかた』を聞いてください。お願いします」という依頼が来ました。

❸ Copilotからよりよい回答が来るように、「プロンプトを漢字に直すこと」「答えはひらがなで・2年生にもわかるように、というプロンプトを追加してよいか」を子供に確認します。

❹ 子供から了承を得て、いよいよプロンプトを送信します。(小池翔太)

「AIに教えてもらえた！」という喜びへ

もちろん、やさしくおしえますね！

1. **たねをまく**：トウモロコシのたねを、おうちのにわやプランターにうえます。4月から6月がいいよ。あなをあけて、そこにたねをいれて、うえます。

2. **みずをあげる**：たねをまいたあと、みずをたっぷりあげましょう。つちがかわかないように、つねにみずをあげてください。

3. **ひをあびる**：トウモロコシはおひさまがだいすき。にちにちははれたところにおいて、たくさんひをあびせてあげてね。

4. **せいちょうする**：すこしずつ、おおきくなっていきます。はっぱがでて、すうじつでせいちょうします。5月から7月に、せいちょうするよ。

5. **ひりょうをあげる**：ときどき、ひりょうをあげると、もっとげんきになります。ひりょうはつちにまぜるか、みずにといてあげてね。

6. **しゅうかく**：たねをまいてから、およそ2~3かげつではたけにとれるようになります。

「AIで調べたい」思いをかなえる

利用規約上、Copilotを小学2年生は使えません。しかし、「AIを使いたい」という子供の思いや願いを否定しては、生活科の理念に反します。回答に少しおかしな誤字もありましたが、結果を見て、子供はうれしそうでした。

記録に残せば次につながる

念のため学級で使用しているTeamsにスクリーンショットを記録として残しました。すると、その子から「家の人に読んでもらいました」と返信が来ました。結果的に、生成AI活用が家庭学習にもつながりました。

POINT

- 生成AIは子供に直接触らせず、教師が代わりに使う
- 「AIを使いたい」という子供たちの気持ちを学習意欲につなげる
- 回答結果は、端末で保存しておくと家庭学習にも役立つ

AI使用の年齢制限を指導する

「じゃがじゃがパーティー」準備で年齢制限の指導

低学年、見つけてしまった、Copilot…

　児童配付のGIGAスクール構想の端末OSがWindowsの場合も、ブラウザのEdgeを開けば右上にCopilotアイコンが現れてしまいます。利用規約を踏まえると、表示制限等の設定が急務なはずです。他方、現代は生成AIのアカウントも不要で、ブラウザ検索ですぐに使える時代です。早かれ遅かれ、低学年でもすぐ使える生成AIの存在に気付きます。年齢制限もあるなか、安全性を保つためにもある程度の指導が必要です。

こんな指導をしました

　本校の独自単元である、2年生が育てたじゃがいもを1年生に振舞う「じゃがじゃがパーティー」の準備を進める中で、事件は起きました…。

　ある子が、Copilotのボタンを見つけて押してしまったようで、「じゃがじゃがパーティーおわりのことばなんていったらいい」というプロンプトを打ち込んでいたようです。Copilotの回答が難しい漢字や表現が多かったようで、そのままの画面で放置をして、自分の頭で原稿作成を続けていたようです。

　そこで筆者がその子の様子に気付いて、「このボタンは小学生が使えない生成AIのCopilotというものだよ」「おかしな答えが出てしまうこともあって、大人と一緒に使わないといけないよ」という指導をしました。

　その子は、日頃の教科等の授業で、教師がCopilotを使っている画面を提示していて、使ってはいけないとわかっていたけれど、軽い気持ちで使ってしまっていたようでしたが、指導後は納得してくれました。(小池翔太)

年齢制限を指導するチャンスを逃さない

子どもがCoplotをこんなふうに使ってしまった！

> じゃがじゃがパーティーおわりのことばなんていったらいい

楽しそうなパーティーですね！パーティーの締めくくりにふさわしい言葉をいくつか提案します：

1. 「今日はみなさんのおかげでとても楽しい時間を過ごせました。ありがとうございます！」

2. 「素晴らしい一日にしてくれてありがとう。また次回を楽しみにしています！」

3. 「皆さんのおかげで、じゃがじゃがパーティーは大成功でした。感謝の気持ちでいっぱいです！」

4. 「今日は本当に楽しかったです。次の集まりが待ち遠しいです！」

5. 「皆さん、今日は本当にありがとうございました。お疲れ様でした！」

活用方法の指導は「瞬間」で

筆者は学級全体でも、「13歳未満は使えない」と簡単に指導しました。固定的なカリキュラムで「生成AIの使い方」を指導するよりも、このように瞬間瞬間で指導するほうが、活用を前提とした真正な学びにつながると考えています。

「AI使えない」とならないために

ある子が、Copilotによって原稿を作成してもそのままにしていたのは、プロンプトに課題があったり、漢字表記の回答が読めなかったりしたからだと考えられます。「AI使えない」「不便」と、低学年段階の児童が後ろ向きな認識を持たないようにすることも大切です。

POINT

- 児童がCopilotボタンを使いだす可能性はある
- 年齢制限の意義をいつでも語れるようにしよう
- 固定的なカリキュラムよりも、瞬間で指導しよう

Copilot とイメージをすり合わせる

Copilot とブレインストーミングをしよう

抽象的なイメージも画像で共有！

授業の導入に Copilot で画像生成するためのブレインストーミングを行い、イメージをすり合わせることを楽しみます。子供たちは画像生成の方法を知るとともに、複数の言葉をつなげてアイデアを生み出すことを体感できます。「優しい性格」「うれしい感じ」など抽象的な言葉のイメージを知る機会にもなります。その後、子供たちには自分でつくる時間を存分に味わわせましょう。

やってみよう！

「学校もりあげますコット」（『図画工作3・4下』開隆堂出版）の実践例です。

❶ 学校の中にいるマスコットキャラクターを紙粘土などの材料でつくり、学校においてみようと提案します。

❷「図書室のマスコットキャラクター」「静かで落ち着いている」など子供たちからキャラクターの特徴を表す言葉を聞いていきます。

❸ プロンプトを入力して画像を生成します。もし予想外の画像が出ても、それが子供たちの製作のヒントになることのほうが多いです。トライ＆エラーを楽しむつもりで行います。

❹「自分だったらどんな特徴を合わせてマスコットキャラクターをつくっていく？」と子供たちに問いかけ、自分たちでイメージをふくらませてつくる活動へ。共同制作の場合では、グループの抽象的なイメージを画像で共有するための手立てとして教師が使っていくこともできます。（守屋 建）

プロンプトの入力の方法で画像が変わる

こんなマスコットができたね！

プロンプトの順番が大事

先に入れた言葉の優先度が高くなります。上の画像では図書室のキャラクターという言葉を一番先に入れました。その後、子供たちから特徴をあげてもらい、入力をしていきました。

画風を入れてみる

「イラスト」「立体」「線画」「アニメ」「油絵」「水彩画」など、画風を入れることで生成される画像が変わっていきます。このことを子供たちに示すことはとても大事です。子供たちが様々な表現形式を知ることができるからです。教師もたくさんの画風を示す言葉を知っている必要があります。

POINT

● 複数人でイメージを共有するときに便利！
● プロンプトの順番と言葉選びが重要
● 生成された画像はあくまで自分でつくりだすためのヒント

専門知識はAIがフォロー

「クリーン大作戦」の実践をAIがサポート

わからないことはAIに聞いてみよう！

小学校の家庭科では学習内容に教員の専門性が求められますが、専科教員がいる学校は少ないのが現状です。そのため、専門的な内容についてCopilotを活用して教材研究を行うことで手軽に知識を得ることができ、教員の負担軽減にもつながります。

やってみよう！

「クリーン作戦で快適に」（『わたしたちの家庭科5・6』開隆堂出版）を例にどう使うか試してみ

> 家の中には、どのような汚れがありますか

しょう。本題材では、清掃の意義を理解して、身の回りの汚れを認識し、汚れに合った清掃に取り組むことがねらいです。

❶ 身の回りにどのような汚れがあるかCopilotに聞いてみます。

❷ 場所や汚れにあった清掃方法を提案してもらいます。

❸ 子供の実態や清掃する場所に合わせて、用具や清掃の仕方を検討します。（西岡里奈）

まず、**油汚れ**は主にキッチンで発生します。調理中の油煙や油はねが原因で、時間が経つとベタベタした汚れに変わり、さらにホコリが付着して固まります。油汚れは水には溶けないため、界面活性剤を含む洗剤で乳化させて落とす必要があります[1]。

次に、**カビ**は浴室やキッチンなど湿気の多い場所で発生しやすいです。カビの胞子はどこにでも存在し、温度、湿度、栄養源が揃うと増殖します。カビを除去するには塩素系カビ取り剤や消毒用エタノールを使用します[1]。

ハウスダスト・ホコリは室内のホコリで、非常に小さいため人が動くことで舞い上がり、床に落ちてたまります。アレルギー症状やぜんそくの原因になることがあるため、こまめな掃除が重要です[1]。

水垢はシンクや水栓金具、洗面所の鏡などに付着する汚れで、水道水に含まれるミネラルが固まったものです。クリームタイプのクレンザーとやわらかいスポンジや布を使って落とします[1]。

身の周りの汚れについての回答

Copilotの回答から広げていこう！

水垢の清掃の仕方をCopilotに聞くと？

> 油汚れを防ぐ方法はありますか？ カビの予防策について詳しく教えてください。
>
> ハウスダスト対策のおすすめ掃除道具は？ ✨ **プロンプトを表示する**

1. **クリームタイプのクレンザーを使用する方法**: クリームタイプのクレンザーをやわらかいスポンジや布に少量取り、水垢の部分を優しくこすります。クレンザーの研磨作用で水垢が落ちやすくなります。
2. **クエン酸を使用する方法**: クエン酸を水に溶かしてスプレーボトルに入れ、水垢の部分にスプレーします。しばらく放置してから、やわらかい布で拭き取ります。クエン酸の酸性が水垢を分解しやすくします。
3. **重曹を使用する方法**: 重曹を水に溶かしてペースト状にし、水垢の部分に塗ります。しばらく放置してから、やわらかい布でこすり落とします。重曹の研磨作用で水垢が落ちやすくなります。

次の質問も提案

汚れの種類をCopilotに聞くと、「油汚れの掃除方法を教えてください」や「カビ対策はどうすればいいですか？」といったその次を予測した質問がでてきます。そのため、知りたいことを続けて調べることができます。

目的に合ったものを選択

水垢の清掃の仕方をCopilotに聞いたところ、上記のように3つの案がでてきました。具体的な手順まで示されているので、すぐに実践することができます。授業で行う際は、子供にとって実践しやすい内容か危険性はないかなど実態に合わせて選択していくことが重要です。

■ POINT
- Copilotに聞くことで様々なアイデアがもらえる
- あくまでも教員の教材研究として使用
- どの方法がよいかは子どもや場面に合わせて検討が必要

児童の振り返りの分析をAIに聞いてみる

ゲームの振り返りを
分析するお役立ちアイテム！

毎時間の児童の振り返りを
チームごとにあっという間に分析可能！

　体育科の授業の「ゲーム及びボール運動」領域では、集団対集団で行うため、単元が進むにつれてチームの課題が出てきます。全チームの学習課題を毎時間授業中や学習カードをもとに分析するのは困難です。そんなときにCopilotを使うことで振り返りを分析する時間を短縮することができます。

やってみよう！

　3年生のネット型ゲームの振り返りをもとに説明します。

❶ 1時間目の終わりに何を学んだかFormsに入力させます。

❷ 入力されたデータをチームごとにまとめます。

❸ Copilotにチームごとのデータを下画像のように入れて分析してもらいます。

❹ 分析されたデータの中から教師が精選してチームに伝えます。

❺ 次時の始めにデータを示し、チームごとに学習課題や作戦の設定に生かせるようにします。(有料版のMicrosoft 365 Copilotの機能です)(隈部　文)

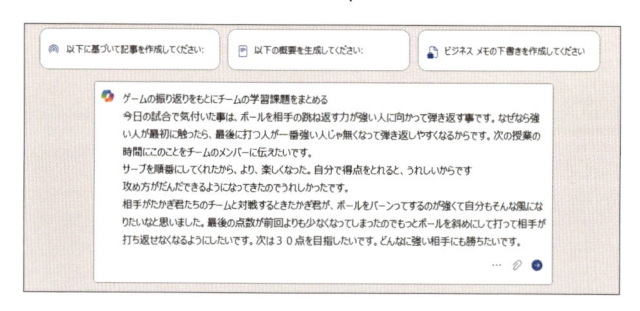

Copilotの分析をもとに児童へのフィードバックを！

Copilotがこんな分析をしてくれました

- 得点の減少要因

試合で得点が3点にとどまった理由として、最後に打つときに少し後ろから打ってしまったことが挙げられました。このミスを繰り返さないためには、次のプレイヤーにボールを前に出してあげる工夫が必要です。

- 具体的な改善策

各プレイヤーの役割を明確にし、連携を強化するために以下のような作戦を立てました。
- 1回目の人：ボールを止めて、2回目の人にパスする。
- 2回目の人：3回目の人に合図を送り、真ん中に転がす。
- 3回目の人：思いっきり守りがいないところに転がす。

このように役割分担を明確にすることで、効率的に攻撃を展開し、得点力を向上させることができます。

- 守備と攻撃の両面での戦略

今日は守備も攻撃もどちらも作戦を立てることができたため、次回の試合ではこれらの戦略を実行に移すことで成果を期待しています。

学習が進むにつれて思考の深まりも見取りやすい

学習が進むにつれてCopilotの分析が態度面から攻め方に関することに変化していきます。また、作戦につながる記述が増えていきます。児童や教師はその中から選ぶことができます。

単元の前半には作戦につながる学習課題を取り扱うこと

単元の前半にゲームの特性を味合わせるための学習課題を学ぶことによって、単元の後半には自分たちのチームに合った作戦を選べるようになっていきます。
単元の前半は学級全体で学習課題を解決するための方法を考えていきます。単元の後半になるにつれてチームそれぞれの学習課題の解決が必要になります。そこでCopilotを使うことにより、細やかな解決方法を提案することができます。

POINT
- 単元の前半には学級全体での学習課題の解決に役立てる
- 単元の後半にはチームごとのデータ分析に役立てる
- Copilotの提案課題は教師が提示しても児童が選んでもOK！

AIで運動を最適化させよう

子供たちの振り返りをもとに運動内容をAIに修正してもらう

教科書がなくても大丈夫！

　体育の授業はほかの教科と異なり、教科書が存在しません。そのため、どんな運動に取り組むべきかは学校や教師に委ねられている部分が大きいです。この自由度は魅力でもありますが、時には教える先生方の戸惑いを生むこともあります。中には、どの運動を選べばよいかわからない先生もいるのではないでしょうか。そこで、Copilotが大きな助けとなります。子供の学年、体力、子供たちの様子に合わせた運動メニューをCopilotに提案してもらいましょう。

やってみよう！

　体つくり運動(6年)を例に試してみましょう。

❶ 学習指導要領を踏まえて、6年生の「体つくり運動」でどんな運動に取り組ませればいいのか聞いてみます。このときは8つの運動を提案してくれました。

❷ 実際にその運動に取り組ませて、振り返りをFormsに入力させます。

❸ 子どもたちの振り返りデータをもとに、Copilotに運動を修正してもらいます。

❹ 次時で修正した運動に取り組ませます。(武藤凌平)

6年体育「体つくり運動」の領域では、どのような運動に取り組ませればいいですか。学習指導要領を踏まえて具体例を教えてください。

1. リンボーダンス：

- リンボーダンスは、低く設定された棒の下を体を反らせてくぐり抜ける運動です。音楽に合わせて行うことで、リズム感や柔軟性を養うことができます。棒の高さを調整することで、子どもたちのレベルに合わせた挑戦が可能です。

2. 縄跳び：

- 縄跳びは、個人でもグループでも楽しめる運動です。技の名前や簡単なイラストが示された「デジタル縄跳びカード」を活用し、子どもたちが新しい技に挑戦できるようにします。シングルジャンプやダブルダッチなど、様々な跳び方を取り入れることで、飽きずに楽しむことができます。

振り返りをもとに、Copilot に修正してもらおう

> ℹ️ デバイスからアップロードすると、コピーが OneDrive for Business に送信されます。<u>アップロードされたファイルを管理する</u>　×
>
> 実際にこの4つの運動に取り組ませた結果、このような振り返りがありました。子どもたちの振り返りをもとに運動の内容を修正し、難しいと感じているものは易しい運動に、簡単だと感じているものは難易度を上げてください。<u>体つくり運動アンケート (2).xlsx</u>

以下は、子どもたちの振り返りをもとに運動の内容を修正したものです。

リンボーダンス

- 振り返り: 「ちょうどいい」または「難しすぎる」と感じている子どもが多い①。
- 修正後の内容:
  - 易しいバージョン: 棒の高さを少し高く設定し、くぐりやすくします。また、音楽のテンポをゆっくりにして、リズムに合わせやすくします。
  - 難しいバージョン: 棒の高さを低く設定し、くぐる際に片足を上げるなどの追加の動きを取り入れます。

縄跳び

- 振り返り: 「ちょうどいい」または「簡単すぎる」と感じている子どもが多い①。
- 修正後の内容:
  - 易しいバージョン: 基本的なシングルジャンプを中心に行い、跳ぶ回数を少なくします。また、跳び方のバリエーションを減らします。
  - 難しいバージョン: ダブルダッチやクロスジャンプなど、難易度の高い技に挑戦します。また、連続して跳ぶ回数を増やします。

まずは基本となる運動を

どんな運動に取り組ませればいいのか、学年や運動領域を入力すると候補をあげてくれます。詳しく知りたい運動はさらに質問をすれば詳細を教えてくれます。

子どもの実態に合わせて修正を

Copilot の提案してきた8つの基本の運動に子供たちに取り組んでもらった上で、その振り返りを子どもたちが Forms に入力します。この Forms もプロンプトを入力すれば Copilot が作成してくれます。そして子供たちの評価の結果の Excel データを Copilot に読み込ませて、運動を修正してもらいましょう。

▮ POINT

- ● 基本となる運動を、単元を通して修正していくことを前提に
- ● やり方がわからない運動は、詳細を聞いてみる
- ● 子供たちの回答結果だけではなく、教師の主観も入れて修正

Copilot で Forms が時短でつくれる

Copilot で Forms を楽々作成

アンケート項目も作成も Copilot で協働的にできる

　英語の授業をする際に、児童生徒が英語学習についてどんな思いでいるのかを把握しておきたいと思う人は少なくないはずです。アンケートを実施するにも、何をどこまで聞いたらいいのだろうと悩んだら、Copilot に聞いてみましょう。アンケートの項目出しもしてもらえます。そして、Forms でアンケートを作成するときにも Copilot を使えば、時短が可能になります。

やってみよう！

❶ まずは、アンケートの項目を Copilot に聞きます。

　「5 年生の英語の授業始めにアンケートをとりたい。そのアンケートで、今後の授業に役立つものとして聞いておくとよい項目を挙げよ」

❷ Copilot が提案した項目を検討し、取捨選択します。

❸ Copilot にアンケートを生成してもらいます。

　「アンケートを以下の項目で作成せよ」

❹ Forms の新しいアンケートを開き、Copilot に生成してもらいます。

❺ 選択肢やコメント、回答の必須など体裁を整えて完成です。

　実施前に、まずは、自分自身がアンケートに回答してみましょう。（有料版 Microsoft 365 Copilot の機能です）（中村　香）

Copilotでアンケート作成作業も楽々！

Copilotと自分の考えを検討する

すべての項目を聞く必要がある？　本当に聞きたいことは何？　Yes/No、それとも4件法（「そう思う」「ややそう思う」「ややそう思わない」「そう思わない」など）？回答の選択肢は妥当？　追加質問は？と、Copilotを使えば協働的に考えられます。

Forms内のCopilotが作成

決定したアンケート項目をForms内のCopilotで下書きをさせた後、「生成」ボタンを押せば、Formsアンケートが自動的に作成されます。あっという間に。

POINT

- Copilotが提案した項目と、実際の目的や聞きたい内容を検討
- Forms内のCopilotでアンケートを作成
- 作成したアンケートを、実施前に回答し、微調整する

悩ましいことを AI に聞いてみる

複数の顔で道徳の課題に答えさせる

3つのモードを指示して思考を活性化！

Copilot は「より厳密に」「より創造的に」など、いろんなモードを指示して回答のパターンを簡単に切り替えることができます。指示したモードによって、同じプロンプトでも返ってくる答えはかなり変わってくるのですが、これが道徳の授業では非常に役に立ちます。

やってみよう！

4年生の道徳科「絵はがきと切手」(光村図書) の単元を例にどう使うか試してみましょう。

❶「絵はがきが料金不足だったことを遠くの友達に知らせるか知らせないか」という問題について子供たちに議論させます。

❷「Copilot にも聞いてみよう」と子供たちに提案。まずは「より厳密に」というモードを指示して聞いてみます。次に「より創造的に」というモードを指示して聞いてみます。

❸ Copilot から出た2つの答えをどう受け止めるか議論させましょう。子供たちが Copilot の2つの回答を批判的に捉えられているかどうかに注意！

❹ 最終的に自分はどうするか、子供自身に自分の考えをもたせましょう。

（鈴木秀樹）

Copilotのモードの違いを指示しよう！

「より厳密に」モードで答えるように指示すると？

 Copilot

それは素敵な友達ですね！ 😊 絵葉書を送ってくれたこと自体がとても嬉しいことだと思います。

料金不足のことを伝えるかどうかは、あなたの気持ち次第ですが、以下の点を考慮してみてください：

「より創造的に」モードに聞いてみた

 Copilot

その場合、私は友達に料金不足のことを伝えないかもしれません。友達がわざわざ絵葉書を送ってくれたこと自体が嬉しいですし、料金不足のことを伝えることで友達が気を使ってしまうかもしれないからです。

煮えきらない「より厳密に」モード

子どもたちは「伝える？　伝えない？」の答えを知りたいのに「厳密に」モードのCopilotの答えはどれだけ聞いても煮えきらないものになります。

意思を感じる「より創造的に」モード

「より創造的に」モードで回答するように指示を切り替えたら、あたかもAIに人格があり、自分で考えたことであるかのように「私なら」と答えました！

POINT
- Copilotに聞く前に子供たちでしっかり議論させる
- モードを切り替える指示を効果的に使う
- Copilotのどの回答も批判的に吟味することが大切

便利って本当にいいこと？

生成AIと「主体的な学習」を考えよう

「便利＝幸せ」？

　特別活動には「主体的な学習態度の形成と学校図書館等の活用」という内容があります。「主体的な学習」とは何かということを、子供なりに考える機会をもつことは、生成AI時代の今、非常に大切です。今回は、NHK for School『Q〜こどものための哲学』第3回「便利って本当にいいこと？」を活用し、タブレットによる学びを小学2年生と考えました。

やってみよう！

　番組で登場する「宿題を全部やってもらえるロボット」「自分が高性能ロボットだったら」を例に、「便利」「学習」について考えました。

❶「タブレットPCを使った学びは本当にいいことなのか」対話します。

❷「これからタブレットPCを使って、どのように学びたいか」対話します。

❸学習の感想をFormsに入力して集約します。

❹Formsの結果を、Copilotに読み込ませ、「生成AIというものをどのように使っていけばよいか」Copilotに聞いてみます。(小池翔太)

これは、小学2年生が「便利って本当にいいこと」という以下の動画を見てから、学習した感想を書いたものです。これらの内容を踏まえて、子供たちはこれから、生成AIという便利なものを、どのように使っていけばよいと思いますか。小学2年生が読めるように回答は全てひらがな表記にしてください。また、小学2年生を励ますようにしてください。
https://www2.nhk.or.jp/school/watch/outline/?das_id=D0005180283_00000

📗 事後アンケート.xlsx

※本報告は、以下の発表内容に基づいています。小池翔太・菅原弘一・東森清仁・今野貴之・中野信子・中川一史（2024）「子供向け哲学番組の視聴を通して児童が1人1台端末活用の意義を考える授業の開発と評価—小学校低学年における特別活動の実践を事例に—」日本教育メディア学会研究会論集(56) pp102-108

生成AIが「生成AIを使うポイント」を答える

Copilot

みんな、こんにちは！「べんりってほんとうにいいこと」を見て、いろいろなことを学んだんだね。すごいね！これから、みんなが生成AI（じぇねれーしょんAI）というべんりなものをどうやって使っていけばいいか、いっしょに考えてみよう。

まず、生成AIはとってもべんりなものです。たとえば、しゅくだいを手伝ってくれたり、わからないことを教えてくれたりします。でも、みんなが学んだように、べんりなものにもいいこととわるいことがあります。

生成AIをつかうときのポイント

1. じぶんで考えることをわすれない
   生成AIが教えてくれることもあるけど、じぶんで考えることもとってもたいせつです。じぶんで考えることで、あたまがよくなります。

2. ほどほどに使う
   生成AIをつかいすぎると、目がつかれたり、じぶんでやる力がよわくなったりします。だから、ほどほどに使うことが大事です。

3. わからないことをきく
   生成AIはわからないことを教えてくれるけど、先生やおうちの人にもきいてみましょう。いろんな人の意見をきくことで、もっとたくさんのことを学べます。

4. あたらしいことにちょうせんする
   生成AIを使って、あたらしいことにちょうせんしてみましょう。たとえば、新しいゲームを作ったり、絵をかいたりすることができます。

みんなが生成AIをうまく使って、もっともっといろんなことを学べるように、応援しています！がんばってね！🌸

不便なこともいいかも!?

多くの児童は、番組をヒントに「不便なことにも少しはいいことがある」と振り返っていました。自分が学習することすべてを、ロボット・タブレットPC・生成AIに任せることがよいとは限らない、という気付きを得る機会になったようです。

自分で考えることのよさ

「自分で考えることを忘れない」ということを、教師が子供に伝えると説教くさく聞こえるかもしれません。番組やCopilotの助言を活用することで、子供たちが「主体的な学習」を自ら見直す機会になったと実感しています。

POINT

- 「便利っていいこと？」の対話から、主体的な学習を見直そう
- 自分で考えることのよさを、気付ける機会にする
- 不便さにもいいことがある。使い方を考えていこう

「生成AI人間化」で、先生もAI化？

「AI先生」と学び方を学ぼう

理想の「AI先生」を自分たちで作る!?

　前頁同様、内容「主体的な学習態度の形成と学校図書館等の活用」に関連して、生成AIを活用した「学び方を学ぶ」授業を実践しました。現代は様々な教材にAIが活用されています。中には、子供の先生のような存在として学びを支援する例も多くあります。そこで、子供たちの理想の「AI先生」を教師が間に入って自分たちの手で作る活動をしました。

やってみよう！

　小学2年生を対象に「AIと学習」のアンケート（Forms）をとりました。

❶「AIを学習でどのように使えると思いますか」という質問に、ある児童が「AIでAIを作る」という回答をしていたことを紹介しました。

❷「そんなことが本当にできるのか」を実演するために、教師が事前に「AI先生」を作るためのプロンプトを、以下のように入力します。

❸子供たちに「AI先生に学習について聞きたいことがあったら、先生がAI先生に聞いてあげるよ」と言って、AIを学習で活用できるかを確かめます。（小池翔太）

> あなたは「AIいぬ先生」です。以下の条件で、これからの会話を進めてください。
> ・まだ小学2年生が知らないことを、いっぱい教える犬の先生。
> ・回答はすべてひらがなで、わかりやすい言葉を使います。
> ・回答の語尾に「わんわん」とつけて、かわいらしくします。
> ・特に重要な点を明確に伝えるために、大切な言葉は変更された文脈でも常に「太字」で強調して表す。
> ・小学2年生にもわかるようにやさしい言葉で答える。

低学年なりの「学習での生成AI活用」を

> 🔵 **Copilot**
>
> にんげんがいるのは、いろいろなりゆうがあるんだ、わんわん。にんげんは、ちきゅうのうえでたくさんのことをしているんだよ、わんわん。
>
> 1. **いのち**をつなぐため：にんげんは、せんぞからこどもへといのちをつないでいるんだ、わんわん。
>
> 2. **たがいにたすけあう**ため：にんげんは、たがいにたすけあって、いっしょにくらしているんだよ、わんわん。
>
> 3. **しぜん**をまもるため：にんげんは、しぜんをまもったり、しぜんのなかでいきているんだ、わんわん。
>
> 4. **まなぶ**ため：にんげんは、いろいろなことをまなび、せかいをよくするためにがんばっているんだよ、わんわん。
>
> にんげんは、たくさんのことをして、せかいをもっとよくするためにいきているんだ、わんわん。これからも、いっしょにたくさんのことをまなぼうね、わんわん！

作り手の目線に立つと見える世界

ある児童は自分の作った生成AIについて「たよりすぎないでね。なぜならぼくもさすがにまちがえることがあるからね」という説明を付け加えて、友達に紹介していました。低学年なりに自分が生成AIの作り手の目線に立つことで、その特徴を言語化できました。

素朴な疑問から学習の仕方まで

完成した「AI先生」には「なんで、にんげんはいるの？」といった大人が答えづらい素朴な疑問から、「どうやったらわりざんがとくいになるかな」といった学習の仕方の質問まで、多岐に渡りました。子供と「AI先生」の中間に、教師が入って適宜解説も付与しました。

「エージェント」機能の活用を視野に

職場向け有料版Copilotには、「Copilot Studio」という「エージェント」機能があります。これを用いると、オリジナルの名前や特徴のあるCopilotを作ることができます。生成AIを自分で作れることを実感するために活用するのも一つです。

POINT

- 生成AIが「人間化」した今、子供も「AI先生」を作れる
- 作り手の目線に立つと、生成AIとの付き合い方も見直せる
- 子供と「AI先生」の間に教師が入り、共に学び方を学ぼう

生成AI活用を子供に見える化しよう

Copilot操作画面を
子供の前で実演しよう

難しい仕組み、せめて操作は明確に…

　これまで教科別のCopilot授業実践を紹介してきましたが、すべての事例で共通しているのは、使用者は子供ではなく教師ということです。このとき、大切なことは、教師のCopilotの操作の様子を、可能な限り実際に子供たちに示すということです。あらかじめ用意したものを見せるのでは、過程が子供に見えません。結果が出るまでの過程を子供に見える化しましょう。

やってみよう！

　子供のFormsの振り返り結果を一覧にしたExcelファイルを、教室のモニターやスクリーン等に映し、プロンプトの欄に打ち込んで実演してみましょう。ここでは、小学2年生国語科の「たんぽぽのちえ」（光村図書）の初読の感想を児童からFormsで集めて、Copilotに要約した例を表します。

❶ Formsの回答結果（Excel）を開きます。

❷ 自由記述の部分をコピーします。

❸ Copilotのプロンプトに貼りつけます。（小池翔太）

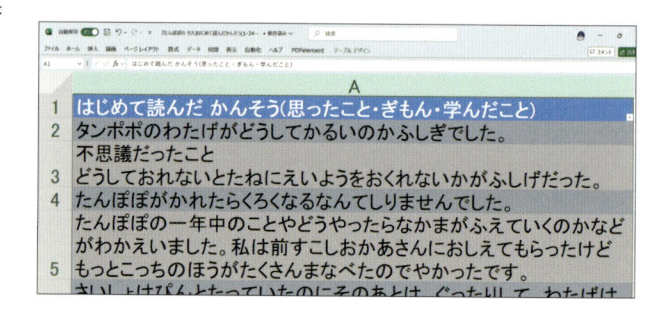

実演にはファイル上でのCopilot活用がオススメ！

> 次の国語「たんぽぽのちえ」を初めて読んだ小学2年生の感想を要約してください。
> ---
> タンポポのわたげがどうしてかるいのかふしぎでした。
> "不思議だったこと
> どうしておれないとたねにえいようをおくれないかがふしげだった。"
> たんぽぽがかれたらくろくなるなんてしりませんでした。
> たんぽぽの一年中のことやどうやったらなかまがふえていくのかなど
> がわかえいました。私は前すこしおかあさんにおしえてもらったけども

アプリ完結だと見えやすい

職場向け有料版のCopilotであれば、Excel上でCopilotを利用することができます。このように、アプリ上でCopilotの活用も同時で完結できると、効率化できるだけでなく、どのデータを元にしているのかもわかりやすくなります。

誤った画面表示には注意！

Copilotの操作をする際は、教師の端末に保存した個人情報関係のファイルはもちろん、子供の気がそれてしまうような情報を提示しないように注意しましょう。日頃から教師がファイル管理等を丁寧にできていると、このような実演の場合に焦らずに済みます。

POINT

- ● Copilotの結果だけでなく過程も見える化しよう
- ● 職場向け有料版だとExcel1つで使える
- ● 教師の端末で誤った情報まで提示しないように注意しよう

子供の悩みを AI で改善に導く

Copilot に悩みを相談 してみよう

Copilot でブレインストーミング

　新しい発想、気付かない視点を加えたい、そんな場面で Copilot を利用することができます。教師にアイデアを示されると、子供は断りにくかったり、大人が正しいと思うものを選んでしまったりすることがあります。保健室で、子供の悩みや相談を受けたとき、煮詰まりそうな場合は Copilot を試してみましょう。

やってみよう！

　子供の相談場面を例にどう使うか試してみましょう。

❶ 子供の相談を受けたら話をよく聞いて、子供が悩んでいることや期待することを明確にします。

❷ 「Copilot にも聞いてみよう」と子どもに提案。対象の学年を明記し、子供に画面を見てもらいながら子供の悩みなどをプロンプトに入力します。

❸ Copilot から出た答えをもとに子供と話し合います。

❹ 話し合う中で、最終的に自分はどうするか、また誰に何をしてもらいたいかなど、子供自身が具体策をもてるようにしましょう。(佐藤牧子)

私は小学校3年生です。 1年生のころから勉強がきらいです。 国語、算数、社会、理科が苦手なので、勉強をしたくありません。 勉強した方がよいと思うけれど、どうやって苦手な勉強をしたらよいかわかりません。 どうしたら苦手な勉強をすることができるか、小学校3年生にわかるように教えてください。

子供の反応をプロンプトに追加する

こんにちは！勉強が苦手だと感じるのは、たくさんの子どもたちが経験することです。少しずつ楽しく勉強できる方法を見つけていきましょう。

1. 小さな目標を立てる

大きな目標を立てると難しく感じるかもしれません。まずは、毎日10分だけ勉強するなど、小さな目標を立ててみましょう。

2. ゲーム感覚で勉強する

勉強をゲームのように楽しむ方法を見つけると、もっとやる気が出るかもしれません。例えば、クイズ形式で問題を解いたり、友達と一緒に勉強したりするのも良いですね。

3. 好きなものと結びつける

好きなキャラクターや興味のあることと勉強を結びつけると、もっと楽しくなります。例えば、好きなアニメのキャラクターが出てくる物語を使って国語を勉強したり、好きな動物について調べて理科の勉強をしたりすることができます。

4. 休憩を取りながら勉強する

長時間勉強するのは大変です。少し勉強したら、休憩を取ってリフレッシュしましょう。例えば、20分勉強したら5分休憩するなど、バランスを取ることが大切です。

5. 褒めてもらう

頑張ったら、自分を褒めてあげましょう。また、家族や先生に褒めてもらうと、もっとやる気が出ます。

体験を入れてもやる気になりません。他に勉強がしたくなる方法を教えてください。

つぶやきをさらにプロンプトにする

子供は提案された内容から、既に行動しているけれど、効果がないと感じる方法について、さらなる回答を求めました。

納得が得られるまで続けてみる

生成された内容に納得がいかない理由を教師と一緒に話し合うと、以前、大人からも言われたことがあるけれど、効果がないと感じることでした。そこから「自分はこうしたい、こうしたほうがよいと思う」という考えが言語化され、解決に向けて具体的な相談となりました。

POINT

- Copilot に聞く前に解決したい問題を明確にする
- Copilot に学年を明記してプロンプトを入力する
- Copilot の回答に納得できないことを「どうしたらよいか」に導く

生成AI時代の授業技術

私が考える生成AI時代の授業技術は次の3つです。

①教師としての基礎的な指導力の確立
②生成AIの活用が教科の目的達成に効果をもたらすような授業の構想力
③自身の授業実践を常に批判的に捉え直す覚悟

①は当たり前ですよね。先進的な生成AIだろうが前近代的なわら半紙だろうが、どんなツールを使うにしても基礎的な指導力がなければ何もできません。

②は特に小学校においては必須です。情報科のような授業はないわけですから、どうしても既存の教科の中で生成AIを活用していくよりありません。となると、その教科の目的達成は必須。それに生成AIを役立てるような授業を考える必要があります。

③も当たり前のことではありますが、これから数年間は、生成AIを活用した授業はチャレンジングなものにならざるを得ないでしょう。そうなると当然、ねらっていたとおりのことが実現できない、といったことも起こってくると思います。

それをきちんと受け止めて次に活かす。当たり前のことではありますが、授業者本人にとってはなかなかつらい作業が待ち受けています。でも、そこは踏ん張りどころですよね。(鈴木秀樹)

学級経営にも すぐ使える！ Copilot の 活用術

「学級の歌づくり」で歌詞を生成

子供たち一人一人の想いを歌詞に

　学級びらきで子供たちに「1年間こんなクラスにしたい」という想いを聞く先生方は多いのではないでしょうか。Copilotを活用すれば、集まった子供たちの言葉で、学級の歌の歌詞を生成することができます。「Suno AI」のような音楽生成AIツールと組み合わせることで、すぐに学級の歌を披露することもできてしまいます。

やってみよう！

❶ 子供たちにFormsで「この1年間どんなクラスにしたいですか？」という質問に回答してもらいます。

❷ 回答結果の一覧をExcelファイルに保存してCopilotに読み込ませるか、テキストをコピーしてプロンプト入力部分に貼り付けます。

❸ 以下のように、歌詞を生成してほしいことをプロンプトに入力して、送信します。
（小池翔太）

👤 **あなた**

以下の言葉は、小学2年生が1年間をこんなクラスにしたいという意見をまとめたものです。この内容を踏まえて、「2年2組のうた」の歌詞を作ってください。
　「みんなが仲良くて、毎日楽しいクラスにしたいです。お友だちといっぱい遊びたいです。」
　「みんなで協力して、勉強も遊びもがんばるクラスにしたいです。先生のお話をちゃんと聞きます。」

曲構成やサビまであっという間に完成!

Copilot

素敵な意見をもとに、「2年2組のうた」の歌詞を作ってみました。どうぞご覧ください!

2年2組のうた

(1番) みんなが仲良くて、毎日楽しい
お友だちといっぱい遊ぶよ
協力して、勉強も遊びも
先生のお話、ちゃんと聞くよ

(サビ) 笑顔があふれる、2年2組
ケンカしないで、仲良くしよう
助け合って、困ってる人を
みんなで助ける、素敵なクラス

(2番) 元気いっぱい、毎日楽しく

頻度の多い言葉はサビの歌詞に

子供たちの声をもとに、あっという間に曲構成まで踏まえた歌詞が完成しました。アンケートに登場する頻度の多い「みんな」「笑顔」「ケンカしない」という言葉は、サビに盛り込まれていました。子供たちもある程度、学級の歌にふさわしい歌詞として納得できるものになりました。

歌に思い入れがあるかは慎重に

一般的に学級の歌づくりの実践は、その作成過程に重きが置かれます。Copilot で一瞬にして作られると、子供たちは素直に「すごい!」と思うかもしれませんが、思い入れのある子は不満に思うかもしれません。子供の納得感も大切にしたいものです。

POINT

- 子供の声を踏まえた学級の歌の歌詞が一瞬で生成できる
- 頻度の多い言葉がサビの歌詞になるなど、曲構成に工夫ができる
- 歌への思い入れ、制作過程、納得感を考慮して慎重に

係活動での活躍と注意点

子供の依頼を教師が実現

　自治的活動の一つ「係活動」。子供が自主的にCopilotを使うことは難しいにしても、「先生、係の活動に必要だからCopilot使いたい！」という声が出てくることは想像できます。筆者が担任していた2年生の学級の「イラスト係」の子から依頼をもらった実話をもとにして、その際の対応について紹介していきます。

やってみよう！

　それは「小学2年生がサッカーで遊んでいる画像を作ってください！」という依頼でした。

❶「小学2年生がサッカーをしているイラストを生成してください」というプロンプトを入力します。

❷ 完成した画像は、すぐに子供に見せずに、問題がないかどうかを細部まで教師がチェックします（顔のパーツや肌の露出など）。

❸ 問題ないと判断したら、その判断した根拠も含めて画像を子供に共有します。
　（小池翔太）

> ＋　　小学2年生がサッカーをしているイラストを生成してください｜

係活動の目的を見失わないように…

楽しみにしていてくださいね。もうすぐイラストが完成します！⚽🖼️

画像生成の付き合い方の指導を

係活動であれば、画像生成をしたいと考える子が多いはず。しかし生成AIによって作られた画像は、意図せず怖いと感じものができてしまうかもしれません。筆者は子供から「画像」と依頼されましたが、「イラスト」と変えて、そのリスクを緩和しました。

イラスト係の本来の目的は…？

子供は素直に喜んでいましたが、イラスト係の本来の目的は、自分が描いた絵を友達に紹介して、よりよい学級を作るというものでした。結局、Copilotで生成された絵を参考にして自分が絵を描くことはしていませんでした。これも教師は見守るしかありませんでした。

POINT
- 子供から依頼されても、生成された画像は慎重に見極めを
- リアルな人の画像は怖い。イラストにするのが無難
- 係活動「よりよい学級づくり」の本来の目的は見失わない

クラス会議の記録を要約

アナログの情報もデジタルでわかりやすく

　円滑な学級経営をする上で、学級活動のクラス会議の時間はとても大切です。司会や記録を子供たちが進めていく中で、教師が助けるだけでなくCopilotにも助けてもらいましょう。生成AIが社会における会議の在り方を変えているのと同じく、子供たちの会議の在り方も変えていけるとよいでしょう。ここではアナログも併用した無理のない活用方法を紹介します。

やってみよう！

　クラス会議の記録を黒板にまとめたことを要約してみましょう。

　アナログな写真記録を、デジタルの文字に変換することで、子供たちにも見やすく・わかりやすい情報となります。

❶黒板の記録を写真で撮ります。

❷撮った画像を、Copilotにアップロードします。

❸以下のように、学級会の詳細と要約を指示するプロンプトを入力して、送信します。

（小池翔太）

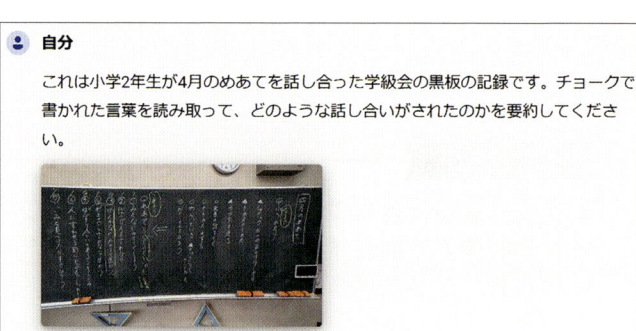

業務をスムーズに行うための生成 AI 活用

Copilot

✓ 回答を生成しています…

もちろんです！以下は小学2年生にもわかりやすい言葉で、全文をひらがなにしたものです。

はなしあいのないよう

1. **みんなにやさしくしよう**:
   - みんながたがいにやさしくすることをめざしています。

2. **わるぐちをいわない**:
   - わるぐちをいわないようにしましょう。

3. **けんかをしないで、たのしくすごそう**:

会議録の時短・わかりやすさへ

学校外では、会議の効率化が求められています。しかし、クラス会議となると、教育として成立させるための教師の思惑が入ってしまい、必要以上に時間をかけてしまいがちです。クラス会議の記録を短い時間でわかりやすく残す際にも、Copilotの活用の可能性があると言えます。

タイピングできればさらに効率化！

今回は黒板を読み取って要約する例を示しましたが、GIGA スクール構想を上手に推進できていれば、記録係がタブレット端末を使ってタイピングをして、アプリに投稿して共有するかもしれません。これを教師が Copilot を活用して、要約するのも効率化の一つになるでしょう。

POINT

- クラス会議の黒板の記録画像も、簡単に要約できる
- クラス会議での生成 AI 活用が時短につながる
- タイピングで記録できれば、生成 AI 活用の要約も容易に

時事ネタ話も Copilotとともに

最新の話題を Copilot に集めてもらう

　小さい時、教師がちょっとした時間に、最近のニュースや小ネタを話してくれたとこが印象に残っている…という方はいないでしょうか？　今も学級経営が上手な先生は、最新のニュースや小ネタ話を子供に披露しているはず。最近は子供向けニュース記事も数多くありますが、Copilotがあれば大人向けの最新ニュース記事も、要約してわかりやすくできます。

やってみよう！

筆者の学級で給食中に「芋煮会って何？」という話題になりました。

❶ EdgeからCopilotで「子供たちが、給食で出た芋煮を食べながら『芋煮会』って何？という話題になりました。最新の記事を引用して、小学2年生にもわかりやすく、全文をひらがな・カタカナにして要約してください」というプロンプトを送信します。

❷ 引用されたWebサイトにアクセスします。

❸ Copilotが要約した文・画面のスクリーンショット・記事URLを児童に知らせます（ここではTeamsを活用）。（小池翔太）

> 子供たちが、給食で出た芋煮を食べながら『芋煮会』って何？という話題になりました。最新の記事を引用して、小学2年生にもわかりやすく、全文をひらがな・カタカナにして要約してください。
>
> ＋　　　　　　　　　　　　　　　　Think Deeper ⚙　↑

「非同期型」でいつでも情報共有を

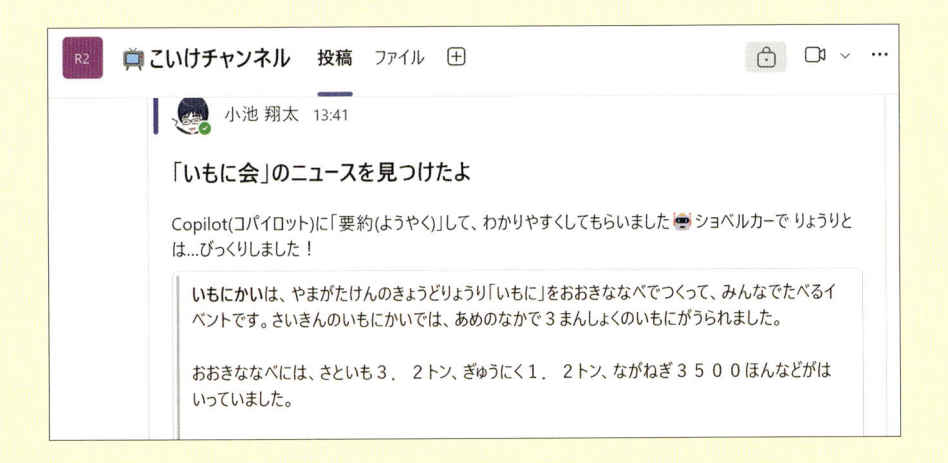

オンラインで時事ネタ発信の場を

時事ネタを話すような余裕がないという人もいるかもしれません。それであれば、オンラインでいつでも・どこでも見られる時事ネタ発信の場を作ってしまうのも一つの手です。今回はTeamsに「こいけチャンネル」を設置した例を紹介しました。

端末を持ち帰れば家での会話にも

GIGAスクール端末を家庭に持ち帰っていれば、このような教師からの時事ネタの投稿をきっかけに、家庭での会話が広がるかもしれません。「時事問題に関心がいかない」と悩む保護者も一定数いるはずです。Copilotがそんな保護者や子供をサポートしてくれます。

POINT

- 大人向け最新ニュース記事も、Copilotが要約してくれる
- オンラインで時事ネタを「非同期型」で発信しよう
- Copilotによるわかりやすい情報で時事問題に関心が高まる

オンラインのゆるいつながりがCopilot活用の糸口に⁉

学級経営に価値ある「雑談」で活用！

何気なく教室で雑談する時間が、学級経営上では非常に大切です。現代は、雑談は必ずしも対面だけでなく、オンラインでも当たり前のように行われる時代です。筆者は1人1台の端末が子供たちに貸与された今、オンライン上でも雑談をする場を作っています。教師も子供たちのオンライン雑談に混ざることがあります。ここにもCopilotが活躍してくれます。

やってみよう！

ここでは、Teams を例にして紹介します。

❶ オンラインでも雑談できる「おしゃべり」チャンネルを作ります。

❷ たまには教師も雑談に混ざってみるのも一つでしょう。

❸ もし、日頃教室で利用している Copilot のアップデート情報を見つけたら、教師から子供たちへ Teams でアナウンスしてみましょう。

❹ アナウンスする場合は、単に記事 URL のみ載せるのではなく、Copilot で要約・ひらがな表記等しておきましょう。(小池翔太)

※オンラインでの雑談の場の実践は、以下に詳しく報告しています。
小池翔太(2023)「小学校における1人1台端末上での非同期な雑談を通したメディアリテラシー教育の試み」第49回全日本教育工学研究協議会全国大会

教師のCopilot普段使いの姿に教育的価値も

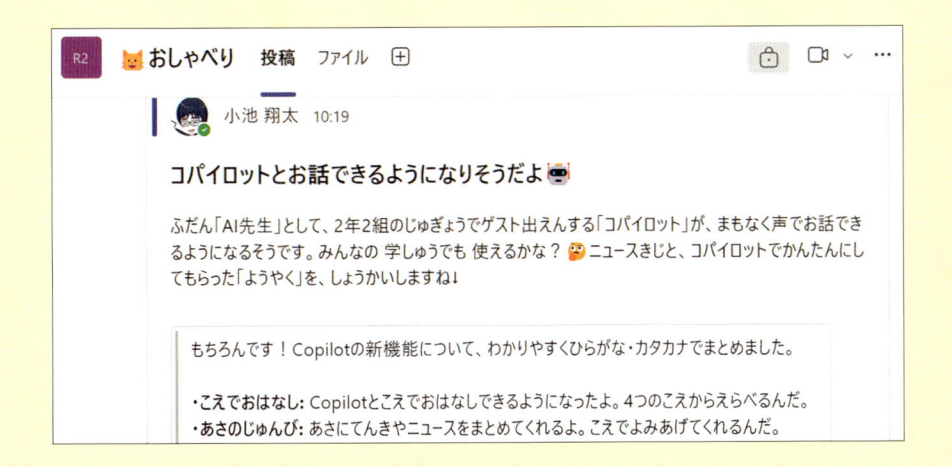

教師の小ネタ話から適切な活用へ

学級経営が上手な先生は、「小ネタ話」を子供に上手に披露しているはず。これをオンライン上でも、雑談用チャンネルを用意して実現してみましょう。Copilotのような最新情報を、教師と子供とともに楽しむ雰囲気があると、学習での効果的な活用にもつながります。

Copilot活用を息苦しくしない！

教師がCopilot活用を頑張りすぎると、子供が「またか…」と息苦しく感じてしまうかもしれません。生成AIを学習で活用することの意義を、教科の授業以外でもゆるやかに考えることが、自然とCopilot活用の意義を見出すことにもつながる効果が生まれます。

POINT
- オンライン雑談のゆるい場が、Copilot活用の糸口に
- 教師の小ネタ程度で、最新情報をゆるく紹介してみよう
- 教師が普段使いして楽しむ姿は、適切な活用につながる

Copilotで教師の働き方改革は実現するか

教師の働き方改革において、Copilotの導入は大きな可能性を秘めています。特にCopilot Proを使えば、時間のかかる業務を自動化することで教員の負担を軽減できるようになるでしょう。

単純なルーチンワークや定型的な文書作成はCopilotに任せ、教員はより生徒一人ひとりに寄り添った指導やサポートに時間を割くことができるようになる。これは我々教師の理想とする働き方改革と言っていいのではないでしょうか。

しかし、「Copilotでその業務を遂行できるか」という技術的な可能性の検討よりも教育的・道義的な検討のほうが時間がかかるかもしれません。

例えば「通知表の所見はCopilotに任せてよいのか」という問題に対して皆さんはどう考えられるでしょうか。所見は児童生徒一人ひとりの個性や成長を反映するものです。仮にそれをCopilotが的確に表現できるようになったとして、それは教師がやらなくてもいいのでしょうか。

Copilotの性能は、日を追うごとに上がっていくでしょう。できることも確実に増えていきます。しかし、「できるからといって、すべてやらせていいのか」という問題は、特に教育の世界ではずっとつきまとう問題かもしれません。(鈴木秀樹)

PART

5

教師の
仕事・校務を
Copilotで
サクサクさばく！

学校で著作権法違反をしないために

文書の挿絵をCopilotに生成してもらおう

イラストの著作権問題の対策に

　子供の立場ではもちろん、教師も、世にある著作物は何となく利用できると考えてしまいがちです。教師による著作物の利用については、授業の過程では例外的に利用できるという改正著作権法第35条が根拠としてあります。しかし、その意識のままで誰もが見られる学校ウェブサイトの文書に、著作物のイラストを挿画として掲載してしまい、著作権法違反となった例があります。Copilotはその対策にもなり得ます。

やってみよう！

　学校ウェブサイトにも掲載する学校のお便りに、梅雨時に相応しい挿絵イラストを生成してみましょう。

❶「学校のお便りに相応しいタッチのイラスト」「子供が雨具を着て、傘を持つ」「周りにかわいい蛙がいる」など、条件を整理します。

❷ 以下のようなプロンプトを入力して送信します。

> 👤 **あなた**
>
> 学校のお便りに相応しいタッチのイラストを生成してください。
> ・雨具を着た子供が水たまりの近くを歩いていて、傘を持っている。
> ・周りにかわいい蛙がいる。

❸ そうしたところ、いかにも生成AIで描いたようなイラストが仕上がってきてしまったので、左頁のような追加のプロンプトを加えるなどして完成させました。
（小池翔太）

生成AI独特のタッチを軽減するには…

追加のプロンプトでイメージどおりに仕上げる

上記の画像は、先のプロンプトの後に「もう少しグラデーションを少ない色合いにしてください。」と追加のプロンプトを入れました。生成AI独特のタッチの絵があることが多いので、生成された絵を踏まえて修正できるとよいでしょう。

「類似性」と使いどころには要注意

このような自然なイラストが生成できるのも、元をたどれば先人となるクリエイターの方々の作品が「学習」された結果とも言えます。生成AIが描いた結果、著作物への「類似性」が認められれば、それは著作権法違反にもなり得ます。

POINT

- 学校ウェブサイトの文書には、絶対に著作物を載せない
- 生成AI独特のタッチは、追加プロンプトで軽減しよう
- 生成AIが作った絵も「類似性」には注意して活用しよう

教育政策資料のPDFも Copilotで要約

教師も学び続けよう！

　XやInstagramなどのSNSを使っている方は特に、教育政策資料に関わるニュースを日々目にすると思います。しかし、その資料に正対できるほど余裕がない読者の方も多いかもしれません。こうした資料を目にすることで、「教師としての『学びに向かう力・人間性等』」を養うことにつながります。Copilotの力も借りながら要約文に触れて、短時間でも学びの時間を作りましょう。

やってみよう！

　ここでは、文部科学省「今後の教育課程、学習指導及び学習評価等の在り方に関する有識者検討会 論点整理」（令和6年9月18日）を例に考えてみましょう。

❶ [個人向けの場合] Edgeで、PDFファイルにアクセスします。

　[職場向けの場合] Copilotで、PDFファイルをアップロードします。

❷ プロンプト「この文書で、教師がどのような力が求められていると言及されていますか。要約してください。」と入力します。（小池翔太）

 自分

この文書で、教師がどのような力が求められていると言及されていますか。要約してください。

要約で満足せず、プロンプト候補をウェブ検索

> この文書で、教師がどのような力が求められていると言及されていますか。要約してください。
>
> Copilot は、コンテキストの手掛かりを使用して回答しています。設定の管理
>
> **Copilot**
>
> 📕 今後の教育課程、学習指導及び学習評価等の在り方に... を使用しています ∨
> ページで情報を検索しています
> この文書では、教師に求められる力について以下の点が強調されています：
>
> - **高度な専門性**: 絶えず研究と修養を続けることが求められ、学びの高度専門職としての役割が強調されています。
> - **柔軟な対応力**: 子供一人一人の個性や特性に応じた指導が求められ、教師の裁量が重要視されています。
> - **デジタル技術の活用**: デジタル学習基盤を活用し、最新の技術に対応した教育方法を取り入れる力が必要です。
> - **協力と連携**: 教職員同士の協力や学校全体でのカリキュラム・マネジメントが重要とされています。

画像中引用：文部科学省「今後の教育課程、学習指導及び学習評価等の在り方に関する有識者検討会　論点整理」
https://www.mext.go.jp/content/20240925-mxt_kyoiku01-000038070.pdf

確かに間違いはなさそう…

Copilot が要約した内容が、どうもあっさりすぎないかと感じたため、回答された用語を、PDF ファイル中で検索してみると、確かに間違いはなさそうでした。やはり Copilot の力、恐るべし…。

プロンプト候補で「Web」と行き来を

回答結果の下部にあるプロンプト候補も注目してみましょう。例えば「代わりにウェブからの回答」というものがあります。これを押すと、表示された PDF ファイルではなく、ウェブサイトの情報から同様の回答が出てきます。候補を押し続けるとさらに理解が深まります。

POINT

- 教師も「学びに向かう力・人間性等」を鍛えていきましょう
- 長くて読みづらい教育政策資料も、Copilot で要約しよう
- プロンプト候補を検索していけば、自分の教育観も見直せる

スピーチの案を
Copilotに考えてもらう

自分らしいスピーチ案も一瞬で

「いくつになっても保護者の前で話すのは慣れないよ」。ある同僚の先輩の言葉です。確かに、毎日子供たちの前で授業をしていても、保護者の前という状況は慣れないものです。これが若手の先生であれば、なおのことプレッシャーは大きいはず。もちろんベテランの方にも、様々な学習を通り抜けたCopilotが、スピーチ原稿案を生成すれば参考になるかもしれません。

やってみよう！

ここでは、4月の学級懇談会の担任の自己紹介を想定しましょう。

❶ 自分の置かれた状況と、自分の特徴を箇条書きにします。

❷ 以下のようにプロンプトを入力して、スピーチの原稿案を生成してもらいましょう。（小池翔太）

私は、小学2年2組の学級担任です。4月の学級懇談会で、初めて保護者の前で自己紹介をします。少しでも良いイメージを持ってもらえるように、丁寧な言葉遣いで、明るく元気に話したいと思っています。以下の条件で、スピーチの原稿案を作ってください。

・名前は小池翔太。
・教員11年目。
・愛犬のトイプードルを飼育。
・ICT活用が得意。
・優しい子供たちに囲まれて幸せ。
・たくさんの行事で成長してほしい。

Think Deeper ⚙

プロンプト候補が「仮想保護者」に!?

それでは、小池翔太先生の自己紹介スピーチ原稿案を以下にご提案いたします。

自己紹介

皆様、こんにちは。私はこの度、2年2組の学級担任を務めさせていただきます、小池翔太と申します。今年で教員生活11年目を迎え、これまで多くの子供たちと素晴らしい時間を過ごしてまいりました。

プライベートな一面

私の家には愛犬のトイプードルがいます。彼との散歩が毎日の楽しみであり、彼からたくさんの癒しをもらっています。

ICT活用

教員として、ICTの活用に自信があります。これからの授業でも、デジタルツールを積極的に取り入れて、子供たちの学びを深めていきたいと考えています。

上手に行間を埋めてくれる

細かな言葉は気になりますが、おおよそスピーチらしい形式的な原稿が出来上がりました。これは、上手に行間を埋めてくれたからだと思います。これを調整していけば、完璧なスピーチ原稿が完成します。

プロンプト候補でリハ代わりになる

注目したいのが、回答結果の下部にあるプロンプト候補です。「ICT活用についてもっと詳しく教えてください」「保護者向けのICT講座なども行っていますか？」…と、矢継ぎ早に質問が届きます。気分としては、保護者会のリハーサルができたという感じです。

POINT

- 懇談会で話したいことを箇条書きにしたプロンプトを作ろう
- 少し気になる表現はあるが、上手に行間を埋めてくれる
- プロンプト候補を押し続ければ、保護者会のリハーサルになる

指導案の単元名の アイデア出しはCopilotに

研究構想も楽しく膨らむ！

　校内研究や地区教科部会の授業提案者になってしまった…。こんな経験は教員経験年数を重ねていけば、誰しもあるはずです。普段の授業とは異なる思考回路で、研究テーマに沿った指導案を作ることは、大変な労力がかかります。そのような仕事もサクサクさばくために、Copilotが助けになります。職場向けであれば、研究の関係資料の読み込みも可能です。

やってみよう！

❶ 自分の置かれた状況と、自分の行いたいと考えている実践の構想を箇条書きにします。

❷ 以下のようにプロンプトを入力して、スピーチの原稿案を生成してもらいましょう。（小池翔太）

👤 **あなた**

添付の研究主任の提案を受けて、特別活動における「主体的な学習態度の形成と学校図書館等の活用」の内容で授業づくりを計画しています。授業では、小学2年生を対象とした、タブレットPCや生成AIを活用した学び方について学ぶような実践をしたいと考えています。これらの条件を踏まえて、単元名のテーマのアイデアを、10個述べてください。

📄 研究推進提案③ 2024夏.pdf

何を言っても嫌がらない！

> **Copilot**
>
> 素晴らしい計画ですね！ 小学2年生を対象に、タブレットPCや生成AIを活用した学び方を取り入れる授業の単元名のテーマアイデアを以下に10個挙げてみました：
>
> 1. **「デジタル探検隊：タブレットで学ぶ新しい世界」**
> 2. **「AIと一緒に学ぼう：未来の学び方」**
> 3. **「タブレットで広がる学びの世界」**
> 4. **「AI先生と一緒に学ぶ楽しい授業」**
> 5. **「デジタル図書館の冒険：本とタブレットの融合」**

人とって苦行の膨大なアイデア出しも軽々！

P58の図画工作の実践でも紹介されたように、ブレインストーミングでアイデアをひたすら出すときに、生成AIは威力を発揮します。何より、人間が同じように膨大なアイデア出しをするのは、とても苦しいはず。何を言っても嫌がらないCopilotにまず感謝です。

しっくり来るまでプロンプトを送る

あまりよいテーマが出てこなくても、「もう10個追加して」としっくりくるまで、しつこくプロンプトを送っても頑張ってくれます。しかし、同じような内容も出てくるので、その場合は、プロンプトや読み込ませる資料を検討し直してもよいかもしれません。

教科書単元でも使える！

単元名はあらかじめ教科書で設定されていることも多いです。それでも、子供に提出する学習問題やキャッチコピーなどで、教師の助けになってくれます。

POINT

- 研究関係の資料を読み込めば、それに沿ったアイデアも
- Copilotはアイデア出しを嫌がらない。存分に使おう
- しつこくプロンプトを送ってもよいが、見直しもしよう

職員会議に革命を起こす

Teams会議で職場向け有料版Copilotが大活躍

今こそ「オンライン職員会議」を！

　筆者の勤務校では、コロナ禍の経験を生かすだけでなく、ペーパーレス化や在宅勤務を推進するため、Teamsオンライン会議で職員会議を行っています。職場向け有料版Copilotでレコーディングするだけで、議事録作成等を自動かつ一瞬で行えます。会議中にCopilotへチャットをすれば、途中経過の要約までしてくれます。

やってみよう！

　職場向け有料版CopilotアカウントでTeams会議の詳細を選びます。
❶ 画面上部に「まとめ」というボタンが表示されているはずです。
❷ 会議後に押すと、発話量の可視化・トピックやチャプター分け・議事録・今後のタスク等が見られます。（小池翔太）

もう記録者の仕事は不要に！

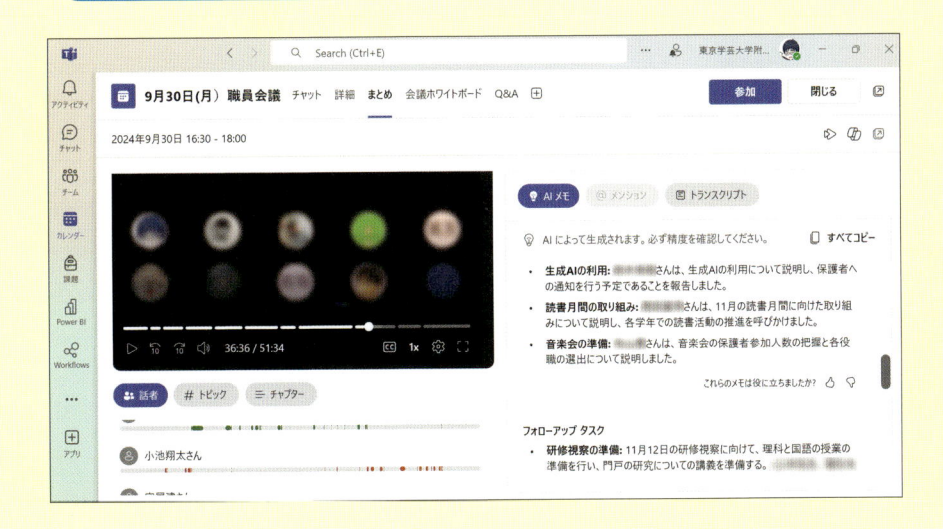

自動で議事録が生成される感動

会議をレコーディング（文字起こし）することで、Copilot がリアルタイムに瞬時に要約してくれます。話者の名前も添えて、端的に発言内容を表してくれて、それらを端的に箇条書きで議事録としてまとめてくれます。これは本当に感動できるレベルです。

「フォローアップタスク」の衝撃

会議の文脈を踏まえて、宿題として残った内容については、「フォローアップタスク」として、議事録の別のトピックとして整理されます。ここさえ見れば、会議後に自分が何を行えばよいのかということが一瞬で理解できます。そのほかにも様々な感動するぐらい素晴らしい機能があります。

POINT

- 職場向け有料版で Teams 職員会議を行うと効率化の革命が！
- 議事録や「フォローアップタスク」の自動生成の衝撃
- 発話量の可視化・トピックやチャプター分けと多様な機能が満載！

校内研修でCopilot活用を推進するポイント

体験は当然、むしろ「雑談的研修」を！

もし教師がCopilotを活用できるような「校内研修」を企画する必要が出たとしましょう。「校内研修」という言葉から、何となく時間を合わせて対面で体験的な学びをすることを連想してしまうかもしれません。しかし、それは当然のこととして、むしろ進歩の激しい生成AIについて「学び続けられる場」が肝心です。私は「雑談的研修」が大切だと考えています。

整理しよう！

筆者の勤務校である東京学芸大学附属小金井小学校は、「Copilot研究会」を立ち上げて執筆をできるような環境に恵まれた学校です。それでも、Copilotの活用をどう推進していくかということについては、工夫を凝らしてきました。

まず、集合型の勤務時間内に行う「ICT研修会」を、生成AIが話題になっていち早く企画しました。講師は、企業の方を招いて行いました。この会では、全員の先生方に端末を持ってきてもらい、AI活用する体験ができる場にしました。

次に、勤務時間外に自主研修の場として、オンラインでの研修会を企画しました。講師の方もオンライン上でお招きしました。関心のある方のみが集まり、上述の研究会の発足につながり、さらに本書の執筆の機会につながりました。

最後に、Copilot活用を雑談のように話せるTeamsの場を用意しました。これは、P86で紹介した子供向けの実践にも重なります。(小池翔太)

東京学芸大学附属小金井小学校の生成AI研修会

時期	概要	詳細
2023年5月	体験型生成AI研修	外部講師を招いて実施。勤務時間内で全員が参加。
2023年8月	『生成AI授業活用セミナー』	アウトプット型オンラインセミナー。有志で実践発表。
2024年9月	有償版Copilot活用研修	外部講師を招いて実施。勤務時間外で任意参加。
2024年9月以降	「Copilotあれこれ」チーム	非同期型でいつでもCopilotネタを雑談できるように。

画像引用：【イベントレポート】AIの教育現場での活用を考える体験型生成AI研修を東京学芸大学附属小金井小学校にて実施─DQ JAPAN
https://note.com/cyberfelix/n/n47968d1d4304

　これらの研修は、年度当初に予定されていたことはほとんどなく、社会の状況や管理職からの依頼、協力企業とのご縁で実現しました。こうした柔軟な企画力も、生成AI時代の教師の働き方として求められています。

POINT

- ● 校内研修では、時間を合わせて体験する以外の方法もある
- ● 勤務時間内・勤務時間外の研修企画をうまく使い分ける
- ● 非同期型でいつでも活用ネタを雑談できる場のデザインを

キーワードは「市民開発」!?

企業における Copilot 活用は、どこまで進んでいるか

現場の業務課題を Copilot 活用で変革する

　企業における Copilot の活用例は、数多く確認できます。中でも興味深いのは、現場の業務課題に対して、誰しもが Copilot を活用して変革できるというストーリーです。Microsoft は Word・Excel・PowerPoint だけでなく、様々な開発ツールも提供しています。これらの開発ツールと Copilot を掛け合わせることで、企業の現場の業務課題を変革できるとのことです。

整理しよう！

　読者の皆さんは「市民開発」という言葉をご存知でしょうか？　専門的なプログラマーや IT 人材ではない社員も、業務に関わるアプリ等を開発するという意味のようです。Copilot のような生成 AI の加速度的な進歩は言うまでもないですが、プログラミング環境も劇的な進歩を遂げています。最近では必要最低限のコード（ローコード）で、アプリ等を開発できるようになり、これが「市民開発」が実現可能な背景にあるようです。

　教育業界にいる筆者にとっては、「専門外の人が開発するとは、かえって忙しくなり過ぎないのかな…」と、正直信じられない気持ちです。しかし、市民開発を強力にサポートしてくれるのが、この Copilot のようです。

　同社による必要最低限のコードで開発できるアプリを総称して、「Power Platform」（パワープラットフォーム）と言います。(小池翔太)

「Power Platform」を活用した市民開発エピソード例

業種	事例
工場	品種切替に伴って必要な100を超えるバルブの開閉操作のチェックをする際、担当者の負担軽減のために、アプリ開発を行って実際に運用した。
流通業	運転者の運転前後のアルコール検査記録管理が煩雑で、紙運用を止めたいと考えて、デジタル化して簡単に入力・報告できるモバイルアプリを開発した。
小売業	新人が接客中、商品の場所をスムーズに案内できる仕組みとして、陳列位置の管理・検索をできるアプリを開発した。

※『日本マイクロソフト株式会社 公式チャンネル』紹介事例を、筆者が要約した。
https://www.youtube.com/@microsoftjapanvideos

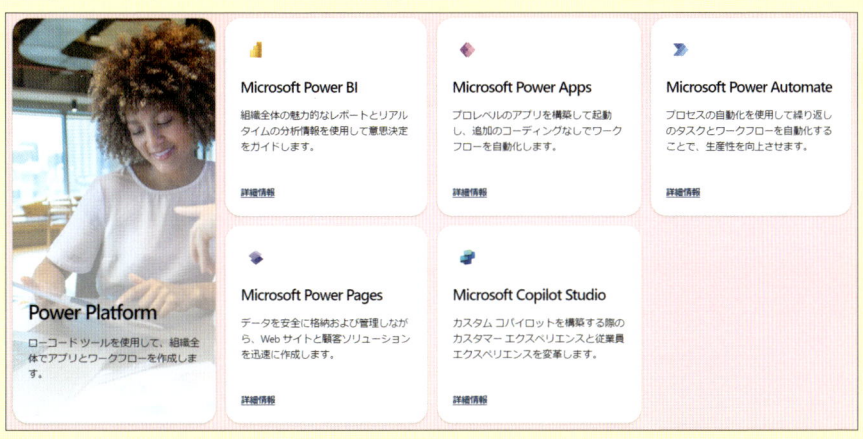

画像引用：AI搭載ローコード ツール | Microsoft Power Platform
https://www.microsoft.com/ja-jp/power-platform

開発ツールにも Copilot 搭載！

これらの開発ツールにもすべてCopilotが搭載されています。ただでさえ必要最低限のコードでよかったものが生成AIによって、さらに効率的になっています。子供たちにもプログラミング教育の文脈で紹介する価値のあるエピソードと言えます。

POINT

- 非プログラマーが業務改善アプリを作る「市民開発」の例
- 「市民開発」実現の背景には、Copilotのサポートがある
- ある工場で、現場の業務課題を改善したアプリの運用例も

生成AIと教育データ利活用の未来

　生成AIは、教育分野において大きな変革をもたらす可能性を秘めています。膨大な教育データを利活用することで、児童生徒一人ひとりに最適化された学習体験を提供することに対しては期待が大きいでしょう。

　また、児童生徒自身がデータを扱い、問題解決を進めるような授業も推進されるべきでしょう。私たちもMicrosoftのPower BIを活用するなどして、児童が直接データを扱いながら、自身の設定した課題の解決を行うことができないかトライを進めています。

　AIは生徒の成績や学習履歴、学習傾向を分析し、その結果に基づいて個別指導やフィードバックを自動的に生成することが可能です。これにより、教員の負担軽減はもちろん、より細やかな指導が可能となり、学習効率の向上も期待できます。

　しかし、教育データの利活用には倫理的な課題も存在します。例えば、生徒のデータがどのように収集・分析され、どの程度AIに依存するかといった問題です。また、AIによる評価が人間の目で補完される仕組みや、データの偏りを防ぐ工夫も求められるでしょう。

　教育の未来において、生成AIとデータの活用は不可欠ですが、慎重に設計されたシステムと倫理的な配慮が不可欠です。こうした問題は新しいテクノロジーが登場するたびに言われたことですが、生成AIも例外ではないのです。（鈴木秀樹）

あとがき

令和6年12月26日に発表された「初等中等教育段階における生成AIの利活用に関するガイドラインVer.2.0」では、「学校現場における生成AIの効果的な利活用を実現するためにも、生成AIの仕組みや特徴を理解するなど、教師には一定のAIリテラシーを身に付けることが求められる。」と書かれています。

これを一般的な学校の先生はどう受け取るでしょうか。

「『一定のAIリテラシー』ってなんだ？」

「今だって猛烈に忙しいのに、これ以上、さらに何を身につけろというのだ」

と思われる方も少なくないかもしれません。

それも無理はないでしょう。学校現場が忙し過ぎる、人が足りない、ブラックだ。そんなことを散々言われているような状況なのに、この上、さらに何かを押し付けられては敵わない。疲弊している学校の先生方がそう思われるのもわかります。

しかし、生成AIは、そんな先生方の味方になり得るものです。ちょっとした文章を作るのを生成AIに任せるだけで、空き時間を生み出すことができます。ガイドラインの文言は何だか堅苦しいものですが、要は「楽をするために生成AIを使えるようになりましょうよ」と考えていただければいいのではないかと思っています。

そのためのツールとしてCopilotは最適ではないでしょうか。何しろ、難しいことを言わずともWindowsにはついています。Copilotボタンをクリックすれば起ち上がってくれて、何かしらの作業をパッと始めることができます。最新のPCならキーボードにCopilotキーが付いているくらいです。

Copilotは、その名の通り、皆さんの傍らにあって、皆さんの仕事

を助ける存在になり得るツールなのです。

　そのCopilotの使い方を紹介する書籍を作るにあたって、勤務校である東京学芸大学附属小金井小学校の先生方の協力を得られたのはとてもうれしいことでしたし、本校の先生方の実践だけで書籍にできたことは、少々誇ってもいいのではないかな、と思っています。

　正直、私と小池さんだけで書こうと思えば、それも可能だったのではないかと思います。しかし、それでは意味がないだろうと。せっかく本校でもCopilotの活用が進みつつあるのだから、その先生方が手掛けた実践を集めることには価値があるはずだと考えたのです。

　掲載されている実践の執筆者が全員「教師に求められる一定のAIリテラシー」を身に付けているかどうかは怪しいです。しかし、全員が「どうやったらAIを効果的に使えるだろう」「その授業の目的を達成するのにAIを活用することが有効に機能するだろうか」というように考え、その活用方法を模索しているのは間違いありません。この模索していくことこそが「一定のAIリテラシー」の肝なのではないでしょうか。

　本書に掲載されている実践例を読み、「これならやれそうだぞ」「これなら自分にもできるのではないか」と考えてCopilotを起動させたならば、あなたも「一定のAIリテラシーを身に付ける」道に足を踏み出したと言っていいのではないかと思います。

　進もうとする道は多様に枝分かれしていて、どの道を通ればゴールにたどり着くのかが非常にわかりにくいでしょう。いや、もしかしたら、そもそもゴールなどというものはないのかもしれません。不安は尽きないかもしれませんが、それでも、その道を進みましょう。大丈夫、あなたにはCopilotがついています。

東京学芸大学附属小金井小学校教諭

鈴木　秀樹

編著者紹介

小池 翔太 (こいけ しょうた)

東京学芸大学附属小金井小学校教諭。千葉大学大学院人文社会科学研究科 博士後期課程 単位取得満期退学。修士（教育学）。立命館小学校講師、千葉大学教育学部附属小学校教諭を経て現職。ICTを活用した教育や企業と連携した教育など、現代的な課題を踏まえた授業・教材づくりについて実践的に研究を行う。一般社団法人「プロフェッショナルをすべての学校に」研究員。NHK Eテレ『テキシコー』『Why!?プログラミング』番組委員。主な著書に、『今すぐ使えるかんたん Teams for Education』（技術評論社）などがある。

鈴木 秀樹 (すずき ひでき)

東京学芸大学附属小金井小学校教諭、慶應義塾大学非常勤講師、東京学芸大学ICTセンター所員。慶應義塾大学大学院社会学研究科教育学専攻修士課程修了後、私立小勤務を経て2016年より現職。ICTを活用したインクルーシブ教育、学習者用デジタル教科書、生成AIを活用した授業づくり等が主要な研究テーマ。著書に『ICT×インクルーシブ教育 誰一人取り残さない学びへの挑戦』（明治図書出版）、『Unlock Learning：特定分野の特異な才能への支援は、すべての子どもの学びにつながる』（金子書房）ほか多数。

執筆者紹介（50音順）

岩田 裕輝 (いわた ゆうき)

東京学芸大学附属小金井小学校教諭。埼玉大学教育学部社会専修卒業。東京都公立小学校で6年間勤務。地域の教材を生かした授業づくりに関心があります。

小野田 雄介 (おのだ ゆうすけ)

東京学芸大学附属小金井小学校教諭（国語科部）。文学を子供たちと教室で読むことに関心があります。夢はフルマラソンへの再挑戦！

蒲生 友作 (がもう ゆうさく)

東京学芸大学附属小金井小学校教諭。東京都公立小学校にて25年勤務して現職。東京都教育研究員、東京都研究開発委員など理科教育について研究を行ってきた。

隈部 文 (くまべ ふみ)

東京学芸大学附属小金井小学校教諭（体育科部）。学級全員が楽しめるゲームを目指して日々研究しています。

佐藤 牧子 (さとう まきこ)

東京学芸大学大学院教育学研究科修了。東京学芸大学附属小金井小学校で養護教諭と特別支援教育コーディネーターを兼務し、ICTを活用したインクルーシブ教育に取り組む。趣味は全国のスタバ巡り。

中村　香 （なかむら　かおり）

東京学芸大学附属小金井小学校教諭。UofMの国際教育で修士、神田外語大学大学院のTESOLで修士を取得。英語教育で国際コミュニケーション力とGlobal Citizenshipの育成を目指して日々奮闘中。

西岡　里奈 （にしおか　りな）

東京学芸大学附属小金井小学校教諭。東京学芸大学大学院連合学校教育学研究科修了。東京都公立小学校で3年間勤務。のち、現職。家庭科でのふれあい体験や異年齢交流、ケアについて研究を深めてきました。

橋浦　龍彦 （はしうら　たつひこ）

東京学芸大学附属小金井小学校教諭。東京学芸大学教育学部卒業。東京都公立小学校で7年間勤務。のち、現職。国語科教育、書くことの授業づくりに関心があります。

武藤　凌平 （むとうりょうへい）

東京学芸大学附属小金井小学校教諭。東京学芸大学教育学部初等教育教員養成課程保健体育選修卒業。東京都公立小学校で8年間勤務。のち、現職。体育とラーメンが大好きです。

守屋　建 （もりや　たける）

東京学芸大学大学院修了。東京学芸大学附属大泉小学校教諭を経て、2015年より東京学芸大学附属小金井小学校教諭。美術教育を専門として教育活動にあたる。

授業準備と校務が劇速になる！
教師のためのCopilot仕事術

2025年3月26日　初版発行

編著者　　　小池 翔 太・鈴木秀樹

発行者　　　佐久間重嘉

発行所　　　学 陽 書 房

　　　　　　〒 102-0072　東京都千代田区飯田橋 1-9-3
編集部　　　TEL 03-3261-1112
営業部　　　TEL 03-3261-1111 ／ FAX 03-5211-3300
　　　　　　https://www.gakuyo.co.jp/

ブックデザイン／吉田香織（CAO）
本文DTP制作・印刷／精文堂印刷　製本／東京美術紙工

教師の仕事が AI で変わる！
さる先生の ChatGPT の教科書

坂本良晶　著

A5判・並製・116ページ　定価2090円（10％税込）

あらゆる仕事を生成 AI にまかせる実践事例がわかる！！
ChatGPT の使い始め方から具体的な仕事での使いこなし術まで、
授業やさまざまな校務などの実践事例も網羅！